Des yeux pour le dire

ROBERT JEAN

Des yeux
pour le dire

ÉDITIONS

Des yeux pour le dire
est le quinzième titre publié par les Éditions Lescop

© Éditions Lescop
5039, rue Saint-Urbain
Montréal (Québec) H2T 2W4
Téléphone : (514) 277-3808
Télécopieur : (514) 277-9390
Courriel : lescop@lescop.qc.ca
www.lescop.qc.ca

Graphisme et mise en pages : Nicolas Saint-Cyr/Éditions Lescop
Révision : Atelier du mot vivant

Dépôt légal : octobre 2001
Bibliothèque nationale du Québec
Bibliothèque nationale du Canada

Diffusion et distribution :
Hachette Canada
9001, boulevard de l'Acadie, bureau 1002
Montréal (Québec) H4N 3H5
Téléphone : (514) 382-3034
Télécopieur : (514) 381-5088
www.hachette.qc.ca
Les Éditions Lescop remercient la Société de développement des entreprises culturelles du Québec et le Conseil des Arts du Canada de leur appui financier.

Gouvernement du Québec – Programme de crédit d'impôt pour l'édition de livres – Gestion SODEC

Données de catalogage avant publication (Canada)
Jean, Robert, 1945-
 Des yeux pour le dire
 (Témoins)
 Autobiographie.
 ISBN 2-922776-05-0

 1. Jean, Robert, 1945- . 2. Handicapés physiques – Québec (Province) – Conditions sociales. 3. Handicapés physiques - Québec (Province) – Opinion publique. 4. Quadriplégiques - Québec (Province) - Biographies.
 I. Titre. II. Collection : Témoins (Éditions Lescop).

RC406.Q33J422001   362.4'3'092C2001-941306-8

IMPRIMÉ AU CANADA

Préface

« Oser la vie, c'est créer des "autrement" remplis d'espoir… »

Il était une fois… une belle histoire, mais pas comme les autres. Ce qui la rend encore plus attachante est le fait qu'elle nous raconte comment une personne quadriplégique a réussi à trouver les « autrement » qui ont garni son quotidien d'espérance et de bonheur.

Cette histoire nous rappelle que l'amour a autant de visages qu'il y a d'êtres humains sur terre. Elle nous mène jusqu'à des rivages inconnus, au cœur de celui qui a trouvé, au prix de tant de volonté, le moyen de se révéler à nous. Ouvrons les yeux de notre âme et accueillons le récit d'un homme s'étant donné comme mission de vie de diffuser autant d'amour qu'il a pu en recevoir. Bravo, monsieur Robert Jean, et merci pour votre précieux témoignage.

LISE THIBAULT
Lieutenant-gouverneur du Québec
Le 29 août 2001

Introduction

J'AI LE PLAISIR de connaître intimement Robert Jean, dont je suis l'auxiliaire familial et le grand ami depuis vingt ans.

En novembre 1995, à l'occasion d'une grande fête organisée pour ses cinquante ans, Robert acceptait de relever le défi lancé par une cousine à lui : rédiger l'histoire des moments marquants de sa vie « particulière » puisque Robert est atteint d'une déficience motrice cérébrale depuis sa naissance.

Après une année de réflexion, Robert s'attelle à la tâche. Dès les premiers mois, il peut compter sur la précieuse collaboration d'une amie journaliste, Sophie, qui lui rend régulièrement visite et le conseille sur le métier d'écrivain, tout en apprenant à communiquer avec lui, car Robert ne peut pas parler.

Le défi d'écrire son autobiographie est de taille puisque sa quadriplégie l'oblige à « se servir de sa tête » : Robert utilise une licorne afin de frapper les touches du clavier de son ordinateur.

Au printemps 1997, son mini-clavier adapté tombe en panne. Malgré plusieurs tentatives, impossible de le réparer. Mais rien n'arrête notre apprenti-écrivain. Le langage des yeux de Robert, Sophie le décodera lettre après lettre, mot après mot, phrase après phrase. C'est plus long, mais le travail avance ! Six mois passent.

Avec l'aide d'une ergothérapeute de l'Institut de réadaptation de Montréal, Robert obtient enfin son nouvel équipement informatique, un clavier sur écran actionné par un système infrarouge fixé à la monture de ses lunettes. Il se remet à écrire.

Lorsqu'elle lui rend visite, Sophie l'interroge sur son travail, le poussant parfois à approfondir sa pensée. Robert consulte divers documents d'archives et des articles de journaux. Il cherche aussi des photos.

À l'automne 1998, le manuscrit est en voie d'achèvement, mais plusieurs relectures et corrections s'imposent avant « l'accouchement » final, au printemps suivant.

Le projet suscite beaucoup d'intérêt. Robert voit grand.

Un ami graphiste lui propose de mettre le manuscrit en pages. Une autre amie lui offre de le traduire en anglais. Robert accepte.

Dans les mois qui suivent, il consulte des amis et des

écrivains sur la meilleure façon d'aborder les maisons d'édition. Il s'informe aussi des méthodes de financement.

Le livre, le voici enfin !

Robert y relate quelques-unes des aventures les plus inusitées qui lui soient arrivées au cours de sa vie. À travers des anecdotes « savoureuses », il nous fait voir quelques-uns des nombreux obstacles rencontrés dans sa quête d'autonomie et le courage qu'il lui fallut parfois pour les surmonter.

C'est en toute simplicité qu'il se confie, avec une grande franchise et beaucoup d'humour. Son style est direct, drôle et touchant.

Au fil des pages, nous pouvons suivre le passage de l'enfant qui reçoit à l'adulte qui donne – une dimension souvent méconnue chez les personnes handicapées.

Et puisqu'il est né il y a plus de cinquante ans, le récit de Robert illustre très bien l'évolution des mentalités et des formes d'aide proposées à ces personnes.

Enfin, il s'agit là d'un récit d'autant plus captivant qu'il nous permet d'apprivoiser l'univers de Robert tout en appréciant la chance unique que nous avons, nous, de jouir de la pleine liberté de nos mouvements.

Son attitude positive face à la vie, quelles que soient les circonstances, nous amène à réfléchir à notre propre attitude devant nos petits malheurs.

Robert est une source d'inspiration pour moi depuis vingt ans. Nul doute dans mon esprit que, par ce livre, il en deviendra une pour plusieurs autres.

Merci pour tout ce que tu nous donnes, Robert.

MARC SAINT-CYR

À mes parents
qui m'ont tout donné.

Naissance

JE SUIS NÉ à l'hôpital Notre-Dame de Montréal le 5 novembre 1945. Ma mère avait eu ses premières contractions la semaine précédente. Le médecin traitant lui avait donné des médicaments, puis il était parti jouer au golf. Les jours suivants, mon père avait tenté en vain de le rejoindre, car les autres médecins ne voulaient pas s'occuper de nous. « À chacun sa patiente ! », disaient-ils.

Marcelle Plouffe, ma mère, avait 39 ans. Elle en était à son premier accouchement. Son travail a duré plus de quarante-huit heures, entrecoupé de moments de somnolence à cause de l'épuisement et des pilules. On lui fit aussi des injections dans la colonne vertébrale afin de détendre son bassin.

Je me suis donc présenté par le siège. Résultat : mon cerveau a manqué d'oxygène. Plus tard, mon père m'a dit : « Tu voulais nous montrer tes fesses ! » Et ma mère de conclure : « Vaut mieux en rire ! »

Trois mois après ma naissance, ma mère a remarqué que quelque chose n'allait pas. Elle a dit à mon père : « Regarde, Paul, Robert ne se tient pas comme les autres bébés ! » Ils m'ont fait examiner à l'Institut neurologique de Montréal, où fut diagnostiquée ma paralysie cérébrale. Une césarienne l'aurait prévenue, mais, à cette époque, une telle intervention était très rare.

Je suis donc quadriplégique de naissance. Je n'ai l'usage ni de mes jambes ni de mes mains. Il m'est impossible de tenir un crayon, une cuillère, une brosse à dents. J'ai besoin d'aide pour des gestes habituels chez la plupart des gens : boire, manger, uriner, s'asseoir, prendre un bain…

Enfance

AUX ÂGES DE QUATRE ET CINQ ANS, j'ai participé à des séances de physiothérapie et d'orthophonie à l'hôpital *Children's Memorial*. J'y ai appris, avec d'autres enfants, à me tenir assis, couché, à faire bouger mes

Séance de physiothérapie à l'hôpital Children's Memorial.
Je suis le deuxième à partir de la gauche. SOURCE : *The Gazette*, 15 avril 1950.

bras et mes jambes et même à me tenir debout à l'aide d'une marchette à quatre roues.

Nous, les enfants, nous comprenions facilement, même si certains, comme Ronnie et moi, ne pouvaient pas parler. Quand j'avais besoin d'aller aux toilettes, je me contorsionnais, je pointais mon ventre des yeux ou j'attirais l'attention avec des sons.

Nous étions suivis de près, tant par les médecins et les infirmières que par nos parents. À force de se voir à l'hôpital, nos parents apprirent à mieux se connaître et prirent plaisir à se fréquenter, plaisir que nous, les enfants, partagions, bien sûr. Il nous arrivait de nous visiter le soir. On nous offrait alors des cahiers à colorier ou l'on nous projetait des films. Nous écoutions aussi de la musique.

Paul-Émile Jean, mon père, était chimiste et analyste de laboratoire. Président de l'Institut canadien de technologie alimentaire, il fut longtemps directeur régional du Service des aliments et drogues. L'heure de la retraite sonnée, en 1970, on lui demanda de rester six mois de plus, le temps de parachever la construction d'un nouvel immeuble à Longueuil. Homme méticuleux, il connaissait bien les besoins du personnel. De plus, il avait acquis de son frère Charles certaines notions d'architecture.

Mon père, Paul-Émile Jean.

Il commença ensuite une nouvelle carrière au sein du Service administratif canadien outre-mer (SACO), organisme sans but lucratif créé en 1967 par un groupe d'hommes d'affaires canadiens avec l'aide de l'ACDI (Agence canadienne de développement international). L'organisme s'occupait de l'envoi de retraités dans les pays en voie de développement pour venir en aide à la population. Des médecins, par exemple, allaient soigner les malades; d'autres apprenaient aux gens la fabrication des pâtes ou l'utilisation des produits pharmaceutiques. Mon père, quant à lui, était chargé de vérifier la qualité de la nourriture avant qu'elle soit distribuée. Les retraités partaient à l'étranger pour des séjours d'une durée de quatre à six mois.

Très habile de ses mains, mon père m'avait fabriqué des pédales spéciales pour mon tricycle et ma petite auto. Mes souliers rivés aux pédales, j'y insérais les pieds et pouvais ainsi me déplacer seul.

Ma mère, Marcelle Plouffe Jean, s'est beaucoup dévouée à la cause des enfants «infirmes», comme on nous appelait dans le temps. Avec Roméo Desjardins et Bruce Mackenzie Scriver, elle fonda, en avril 1949, l'Association de la paralysie cérébrale du Québec, association à l'origine du premier téléthon au Québec.

Avec ma mère. SOURCE : *The Gazette.*

L'événement eut lieu le samedi 19 mars 1954, au Théâtre Saint-Denis. Jacques Normand et Denis Drouin en étaient les animateurs. Parmi la centaine d'invités, se trouvaient des artistes et des personnalités comme Félix Leclerc, Roger Lemelin, Camilien Houde et des joueurs du club de hockey Canadien qui aidaient les téléphonistes à recueillir les dons.

Trois mille personnes prirent part à ce premier téléthon diffusé par Radio-Canada. Quant à moi, j'assistai à l'événement de chez moi. À un moment donné, je vis ma mère apparaître à l'écran et l'entendis me dire : « Bonjour Robert ! » J'étais content de la voir, mais, en même temps, je me sentais rejeté. Plus tard, quand je lui demandai pourquoi elle ne m'avait pas emmené avec elle ce soir-là, elle répondit évasivement pour ne pas me faire de la peine. Mais je compris, bien sûr, que je n'y étais pas pour la simple raison qu'on préférait alors cacher les handicapés. Nous n'étions pas encore considérés comme des « personnes » à part entière.

Ma mère était fonceuse et se donnait beaucoup. Parfois, elle avait le goût de tout laisser tomber, mais mon père l'encourageait toujours : « Continue, Marcelle, allez, fonce, ne te laisse pas abattre ! »

Il fallait constamment solliciter de l'aide et cogner à de nombreuses portes. Le docteur Gustave Gingras, fondateur de l'Institut de réadaptation de Montréal, et monsieur Peter Bronfman, de la célèbre famille, furent parmi les premiers administrateurs de l'Association.

C'est à l'âge de six ans que je reçus mon premier fauteuil roulant de la Société de secours aux enfants infirmes. Un an plus tard, on me fournit une marchette à quatre roues, que je poussais avec mes pieds et où je

De la joie pour des petits paralytiques cérébraux

Près de 400 petites victimes de la paralysie cérébrale ont connu eux aussi quelques heures de bonheur, à l'occasion de la Noël, grâce au Club Kinsmen et l'Association de paralysie cérébrale. Dans la salle du Rosemount Boy's Club, ils leur ont présenté, hier après-midi, un spectacle amusant et leur ont fait donner des cadeaux par le père Noël. Ce vénérable personnage est ici entouré de trois petits infirmes : ROGER BOLDUC, LINDA GIROUX et ROBERT JEAN. A gauche, M. MAURICE BOURGAULT, organisateur de cette fête annuelle que plusieurs vedettes du hockey ont tenu à aider; on reconnaît FLOYD CURRY, DOUG HARVEY, DICKIE MOORE et JEAN BELIVEAU.   (cliché LA PRESSE)

Fête de Noël organisée par l'Association de la paralysie cérébrale du Québec.

SOURCE : *La Presse.*

pouvais me tenir debout grâce à un support entourant mon torse. Une planche rembourrée placée entre mes jambes empêchait mes genoux de se toucher.

La Régie de l'assurance-maladie n'existait pas à cette époque, et nous dépendions beaucoup d'organisations caritatives telles que Kiwanis, Kingsmen, Rotary, Lions… qui nous invitaient à des fêtes de Noël et finançaient des écoles spécialisées.

Nos sorties étaient moins nombreuses que celles des autres enfants. Il n'était pas rare alors que les gens se retournent sur notre passage en nous dévisageant, l'air de penser : « C'est-tu d'valeur ! »

Mes parents avaient pris l'habitude de m'emmener chaque dimanche à la messe, à la basilique Notre-Dame. À chaque fois, une vieille « chipie » s'installait à côté de nous et passait à haute voix des commentaires du genre : « Ça a-tu du bon sens. Pourquoi qu'ils l'amènent ici ? C'est un infirme ! » Ma mère s'est vite lassée de son petit manège, et nous ne sommes plus jamais retournés dans cette église.

En plus de son engagement dans l'Association de la paralysie cérébrale, ma mère en avait un autre comme dame patronnesse à l'hôpital Sainte-Justine, fondé par madame de Gaspé-Beaubien en 1907.

L'immeuble actuel fut inauguré en 1957. J'y ai

séjourné souvent, lorsque j'étais jeune, à la suite d'opérations au genou, à la hanche et à l'aine. Cela donnait un peu de répit à mes parents à qui il arrivait de passer des nuits blanches, surtout quand mes crampes aux jambes m'empêchaient de dormir. Durant mes séjours, de trois à quatre semaines, je recevais des traitements de physiothérapie dans un grand bain spécial. Parfois, la nourriture n'était pas mangeable (trop dure, trop cuite ou pas assez) ; mes parents me faisaient alors livrer mes repas du restaurant.

Ma gardienne de l'époque s'appelait Cécile. Elle venait à la maison trois fois par semaine pour aider ma mère aux tâches ménagères et m'emmener me promener. Je me souviens d'une fois où, s'étant fait apostropher sur la rue par une dame : « Vous n'avez pas honte de sortir avec lui ? » sans se laisser démonter, elle lui avait rétorqué : « Ce n'est pas parce qu'il est comme ça qu'il ne sortira pas ! »

Cécile, qui était très croyante, m'emmenait souvent en poussette à l'oratoire Saint-Joseph. Elle me déposait alors sur la tombe du frère André, croyant que cela me guérirait !

D'autres fois, nous arrêtions à l'église de la paroisse afin qu'elle puisse faire ses prières ; je me recueillais moi aussi.

32

Pour un premier pas, des milliers d'heures de soin

Pour une première parole, des années d'éducation; ce qu'il faut donner aux petits infirmes que le mal handicape si durement.

Robert Jean est un petit bout d'homme qui, à sept ans, comprend parfaitement deux langues... mais n'en parle aucune.

Victime de la paralysie cérébrale, un mal qui le prive à la fois de l'usage presque complet de la parole, le rend incapable de manger par lui-même et de marcher ou même de rester assis seul, l'enfant comprend à peu près tout ce qu'on peut lui dire, en anglais et en français.

Mais pour arriver à ce résultat, il a fallu des milliers d'heures d'une éducation patiente, de soins constants, d'attentions multipliées pour éveiller dans sa petite tête, disons "ankylosée", cet intérêt qu'il marque aujourd'hui aux choses qui l'entourent, provoquer ces réflexes qui semblaient impossibles, il y a quelques années à peine.

ROBERT JEAN

Personne ne peut croire, nous dit en effet sa maman, tout ce qu'il faut de soins pour en arriver là. A cause de la gène causée à la déglutition, en effet, il fallait autrefois jusqu'à deux heures pour faire prendre à l'enfant son seul petit déjeuner. Aujourd'hui, il peut souvent prendre ce repas en moins d'une demi-heure.

De même, son sens d'observation s'est développé à un tel point qu'il note tous les changements que l'on peut apporter dans la disposition des meubles; il remarquera dès son entrée... le nouveau chapeau de sa maman, et voudra savoir (toujours par des gestes que l'on comprend bien), qui rentre, qui sort, qui parle dans une autre pièce, etc.

Le camp qui forme

Mais, encore une fois, de dire Mme Jean, qui demeure rue Decelles, à Côte des Neiges, tout cela n'aurait pas été possible sans beaucoup de travail... et sans l'aide immense qu'apporte indistinctement à tous les petits handicapés la Société de secours aux enfants infirmes de la province de Québec.

Trois fois par semaine, en effet, le véhicule de cette organisation vient prendre le jeune Robert pour le conduire à l'hôpital Children's Memorial, où il reçoit régulièrement des traitements de physiothérapie, en plus de ceux qui lui sont donnés quotidiennement chez lui.

D'autre part, depuis trois ans, l'enfant va passer un mois au camp que possède la Société à S-Alphonse-de-Joliette, camp qui a reçu plus de 350 jeunes infirmes au cours de la dernière saison, et où médecins, infirmières et physiothérapistes donnent à chacun les soins que son état requiert.

Ce séjour au camp, souligne sa maman, est une excellente chose pour favoriser l'ajustement social de l'enfant. A la maison, on se plie à tous ses caprices, on ne lui refuse rien. Mais au camp, il doit réaliser qu'il est handicapé et qu'il doit faire face à la vie, tel qu'il est. Il peut y jouer, y voir des films pour enfants, participer à cent autres activités.

Ce camp est d'ailleurs dirigé par un infirme lui-même, M. Tony Shorgan, le premier infirme auquel la Société soit venu en aide. Agé de 30 ans, aujourd'hui, il en avait sept lorsqu'il fut secouru par cet organisme. Après ses études supérieures, il poursuivit celles-ci à l'Ecole des Beaux-Arts où il fut diplômé en dessin commercial.

Une maison pour les infirmes

Après quelques années d'une carrière qui semblait devoir être une réussite, la Société le réclama pour prendre charge de son camp de S-Alphonse. Personne ne pourrait mieux comprendre les multiples problèmes de ces petits infirmes, s'est-on dit, que ce jeune homme qui les a tous connus. Et cela s'avéra exact.

Mais le grand organisme de secours ne veut pas s'arrêter là. Après le camp, après la formation d'équipes d'auxiliaires sociales, après ses multiples dons d'appareils orthopédiques, elle veut maintenant fournir une espèce de maison de convalescence, un semi-hôpital, aux infirmes qui viennent souvent de l'extérieur pour être traités ici.

A cette fin, elle transformera dès l'an prochain son immeuble de la rue Dorchester ouest (1930). C'est pour, cette raison, aussi bien pour continuer ses présents services à des centaines de petits handicapés

J'ai encore des moments pieux parfois. À la maison, il m'arrive de penser à des proches qui ne sont plus sur cette terre. Quand je suis dans la nature que Dieu a créée, je trouve tout magnifique : les montagnes, les arbres, les fleurs, les lacs et les rivières, les animaux et les humains !

Quand Cécile n'était pas disponible, une femme de ménage venait me garder avec sa fille à peine plus âgée que moi.

Au camp

C'EST PAR L'ENTREMISE de parents d'enfants atteints de paralysie cérébrale que nous avons appris l'existence de la Société de secours aux enfants infirmes, fondée par mademoiselle Maria Daigle en 1930. Depuis 1938, la Société organisait chaque été un camp spécialisé pour les enfants comme moi, le camp Saint-Alphonse. Avoir connu son existence plus tôt, mes parents me l'auraient fait fréquenter bien avant.

Lorsque mademoiselle Daigle avait un projet en tête – elle ne l'avait pas dans les pieds ! –, elle téléphonait sur-le-champ à la secrétaire de Maurice Duplessis, obtenant une audience avec lui pour le lendemain, à la première heure !

Un jour, s'étant vu refuser une rencontre avec lui, elle s'était quand même rendue au Parlement, s'assoyant par terre devant la porte du bureau du premier

Bébé Larry, dans les bras de mademoiselle Daigle, fondatrice de la Société de secours aux enfants infirmes, en compagnie de Lucy Shorgan (à gauche) et de Gertrude O'Connor.

SOURCE: Archives de la Société pour les enfants handicapés du Québec.

ministre jusqu'à ce qu'elle ait gain de cause. Elle fut sans doute la première femme à faire un *sit-in* au beau milieu du parlement québécois!

Même le maire de Montréal, Camilien Houde, craignait son aplomb. Hors de question qu'il n'assiste pas aux assemblées annuelles, elle le talonnait jusqu'à ce qu'il change d'avis. Il aurait même déclaré que les deux seules femmes dont il avait peur, étaient mademoiselle Daigle et sa femme!

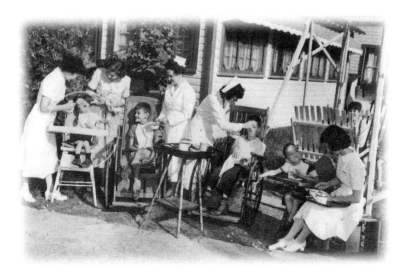

En compagnie de Raymond Schmidt, à ma gauche, de campeurs et de puéricultrices.

SOURCE : Archives de la Société pour les enfants handicapés du Québec.

À ses débuts, le camp était situé sur une grande terre agricole au bord du lac Pierre, dans Lanaudière. Il n'y avait là que du foin et une vieille bâtisse. Quand mademoiselle Daigle vit l'endroit, elle le déclara trop beau pour que seuls des animaux en profitent. Le terrain fut acheté pour une bouchée de pain. La vieille bâtisse fut transformée en salle de jeux et en réfectoire. Nous dormions dans des tentes de l'armée où monsieur Arbour, le gardien du camp, installait de petits lits sur un plancher de bois. Pour tout éclairage, une ampoule nue suspendue à un poteau.

Le premier campeur à fréquenter l'endroit, Tony Shorgan, était atteint de poliomyélite. Protégé de mademoiselle Daigle, il prit de plus en plus de responsabilités : capitaine, puis chef, il devint directeur du camp en 1950.

Avec sa jeep, il m'emmenait parfois faire un tour. Une employée du camp montait alors avec nous pour me soutenir. Il accélérait en grimpant la colline, ce qui me faisait rire. Une fois, il a même flanqué une belle frousse à une monitrice en s'approchant tout près d'elle, avant de bifurquer au dernier instant. C'était bien drôle malgré tout.

Grâce à la générosité de divers clubs sociaux et bienfaiteurs, la Société de secours aux enfants infirmes

HAPPY YOUNGSTER: Those toy soldiers account partly for the beaming smile on six-year-old **Robert Jean**'s face here. He's also happy about that special chair and table he's demonstrating. A cheque for $450 to provide special chairs and tables for cerebral palsy cases was given the Province of Quebec Society for Crippled Children yesterday by the Lions Club of Montreal. Shown left is the other type of chair and table provided. The equipment will be used at the society's summer camp at St. Alphonse de Joliette and will be lent to families needing it during the winter. With Robert here are, from the left, **Tony Shorgan**, camp director, **Vic Houghton**, Lions Club president, and **J. P. Harrison**, camp chairman.

Contribution du club Lions à l'œuvre de la Société de secours aux enfants infirmes. Don de chaises et de tables adaptées.

SOURCE : *The Gazette.*

a pu fournir chaussures, appareils orthopédiques, membres artificiels, marchettes et chaises roulantes à nombre d'enfants dans le besoin.

La Société s'est aussi procuré des ambulances avec lesquelles nous nous rendions sur les lieux de nos traitements de physiothérapie.

Des médecins des hôpitaux Sainte-Justine et Montreal Children's se relayaient pour assurer une permanence au camp. Une fois par mois, le dentiste du village nous rendait visite. Les campeurs venaient des quatre

Premier véhicule officiel de la Société, don du club Kiwanis, 1932.

SOURCE : Archives de la Société pour les enfants handicapés du Québec.

coins de la Province : les garçons en juillet et les filles en août.

Nous étions de plus en plus nombreux, et les ambulances n'y suffisant plus, on nous transportait dans des autobus de la C.É.C.M. Nous bouclions nos valises et partions à la queue leu leu de l'école Victor-Doré, prêts pour la grande aventure !

Des infirmières en costume blanc et coiffe s'occupaient avec dévouement de leurs « protégés ». Plusieurs d'entre nous se déplaçaient à l'aide de béquilles, quelques-uns étaient poussés dans des chaises roulantes en bois, tandis que d'autres l'étaient, allongés sur des civières.

Une année, il y eut une épidémie de poux. Le jour du retour, le minibus nous ramena chez nous, et une infirmière descendit pour m'accompagner à la maison. À ma mère, qui s'informait de mon séjour au camp, l'infirmière répondit que tout avait très bien été. Pas un mot sur les poux ! N'ayant pas encore appris de code pour communiquer, je ne pus rien lui dire. Cette nuit-là, je gigotai tellement dans mon lit pour apaiser mes démangeaisons que le matin je me retrouvai à sa tête ! Quand ma mère m'aperçut, elle dit à mon père : « Regarde Robert, c'est comme si son lit était devenu trop petit ! »

Messe dominicale présidée par le père Maurice Lamarche. Début des années 50.
SOURCE : Archives de la Société pour les enfants handicapés du Québec.

Quelques jours plus tard, mon père trouva un petit insecte sur son crâne dénudé par la calvitie. Sans plus tarder, il l'examina au microscope. Aucun doute possible, il s'agissait bien d'un pou ! Nous en étions tous infestés, même la gardienne ! Ma mère, en femme énergique, prit les choses en mains et nous aspergea de la tête aux pieds d'un insecticide acheté à la pharmacie. Nous n'en menions pas large ! Elle faillit même brûler les testicules de mon père dans son emportement ! Sur le coup, ce n'était pas drôle, mais qu'est-ce qu'on a ri ensuite! Je m'en souviendrai toujours.

Le soir au camp, il y avait un office religieux d'une vingtaine de minutes, le salut, pour remercier le Seigneur de ses bontés. À la messe du dimanche, la forte odeur d'encens me faisait penser à des funérailles.

Notre aumônier, le père Maurice Lamarche, était jésuite. Grand amateur de jardinage, il aimait planter des arbres et des fleurs, semer du gazon et poser de la tourbe. Il fabriquait aussi moulins à vent, cabanes à oiseaux et cages à écureuils afin de permettre aux enfants de mieux les observer. Je pouvais passer des heures à le regarder travailler, pleinement heureux.

Parfois, il nous emmenait dans son camion où il avait installé un système de tabourets sur rail pour faciliter la tâche des moniteurs. Il arrêtait acheter des pruneaux chez le dépanneur du village. Nous faisions aussi des pique-nique.

Le propriétaire de l'immeuble où nous habitions, mes parents et moi, possédait une ferme à Vaudreuil. À la demande de mon père, ce monsieur, du nom d'Élie, accepta de prêter au camp l'un de ses poneys pour l'été. L'initiative eut un tel succès qu'elle se perpétua plusieurs années. Monsieur Arbour, le gardien du camp, tenait bien solidement les rênes du poney pour éviter les accidents quand un enfant se trouvait sur le dos de l'animal.

Gaston Élie siégea de nombreuses années au Conseil d'administration du camp. Son fils, Jacques, l'imita par la suite.

Avec le temps, le camp s'est agrandi grâce à l'acquisition de deux terrains adjacents, l'un appartenant au curé Valois de Saint-Alphonse, l'autre, au ministre des

Quelques fois, nous partions en ballade dans une charrette à foin tirée par des chevaux. SOURCE : Archives de la Société pour les enfants handicapés du Québec.

Affaires culturelles de l'époque, Georges-Émile Lapalme, dont la fille a travaillé auprès de nous avant d'avoir la polio.

Aujourd'hui, le camp compte plus de quatre-vingts bâtiments. Des séjours d'une et de deux semaines sont offerts aux adultes, adolescents, enfants... et même aux poupons ! Leur durée a malheureusement dû être réduite pour répondre à la demande toujours grandissante.

En plus des sports aquatiques (natation, ballades en chaloupe ou en bateau-ponton, etc.), sont offertes diverses activités en forêt où l'on apprend à nommer les arbres, à faire du camping sauvage ou des feux de camp. Il y a aussi le tir à l'arc et le jeu de quilles adapté, permettant de lancer les boules à différentes hauteurs. Le choix est vaste : arts plastiques, astronomie, lecture, théâtre, musique, cinéma, jeux de société, danses modernes et folkloriques.

Chaque année, une fête des amis est organisée pour remercier les bénévoles. À l'occasion, les pompiers de Saint-Alphonse viennent avec une roulotte et simulent un incendie ; les enfants apprennent ainsi la prévention et la manière d'éteindre un feu.

Bien des moniteurs se sont succédés au camp, au fil des années. Leurs champs d'études ne se limitaient

Certificat présenté à Robert Jean par Jacques Élie (à gauche), alors président de la Société pour les enfants handicapés du Québec, et Jean Archambault, maître gondolier du Papillon flottant, bateau-ponton qui fut inauguré en 1995.

PHOTOS : Lola Noël.

pas aux techniques infirmières ou à l'ergothérapie ; certains étudiaient en droit ou en musique. Comme vous pouvez le constater, toutes sortes de gens s'intéressent aux personnes handicapées.

Récemment, je suis retourné au camp du centre Mackay pour les enfants, adolescents et jeunes adultes handicapés ou sourds, que j'ai fréquenté à deux reprises dans les années cinquante. Quelle ne fut pas ma surprise d'apercevoir mon nom inscrit sur une plaque de bois accrochée au mur de la salle à manger, avec la mention : 1955 ! Ça ne me rajeunit pas !

Lorsque j'ai demandé à la directrice pourquoi le camp du lac Massawippi n'offrait toujours pas de séjour aux adultes de plus de trente ans, celle-ci m'a répondu : « Bonne question ; peut-être, qu'un jour… »

Le terrain est plutôt en pente. On m'a expliqué qu'il avait été donné par un bienfaiteur et que, malgré les efforts faits pour faciliter l'accès aux bâtiments, certains obstacles subsistaient.

L'année 2001 marquera le cinquantième anniversaire du camp. Une grande fête devrait avoir lieu à Montréal. Elle fournira l'occasion de revoir les anciens campeurs et moniteurs, et de nous souvenir de ceux qui ne sont plus.

À l'école

MA PREMIÈRE ÉCOLE, « The school for crippled children », était située sur l'avenue Cedar, à Montréal. Je l'ai fréquentée durant trois années. Même si les cours étaient en anglais, je n'avais pas trop de difficulté à les suivre, les enfants qui habitaient mon immeuble et avec qui je jouais étant pour la plupart anglophones. À la maison, nous avions été parmi les premiers à posséder un poste de télévision. Tous les petits voisins venaient donc chez nous, après l'école, regarder CBC, Radio-Canada anglais. Ça me faisait de la compagnie.

Bizarrement, le directeur de l'école, le docteur P. Paterson, refusa au début que je sois attaché à mon siège pendant mon transport en autobus. « Ça risque d'abîmer notre équipement ! », dit-il à ma mère, incrédule. Il n'y avait pourtant pas d'autre solution puisque j'étais incapable de rester assis sans glisser. Ma mère n'en revenait pas : « Vous voulez nous faire croire qu'une ceinture de cuir va abîmer votre siège ? ! » Finalement, il se plia à ses arguments.

Tout au cours de ma vie, j'ai souvent eu à me battre contre la bêtise et les tracasseries administratives. À l'âge de dix-huit ans, par exemple, une erreur s'est glissée dans mon dossier médical lors du transfert de l'hôpital Sainte-Justine au Centre de réadaptation de Montréal. Au lieu d'inscrire « besoin d'un nouveau corset », le mien étant très vieux et usé, on avait écrit : « corset à réparer ». Au Ministère, les fonctionnaires refusaient d'intervenir malgré nos réclamations. En

Ancien modèle d'autobus scolaire pour enfants « infirmes » au milieu des années quarante. SOURCE : Archives du Centre Mackay.

désespoir de cause, le physiatre en chef du centre, le docteur Mongeau, me prit en photo, avec et sans mon vieux corset, menaçant d'envoyer les clichés aux médias si rien n'était fait. Quel méli-mélo ! Je finis par recevoir mon nouveau corset… Être handicapé n'est pas toujours facile !

Mes parents souhaitaient que je fasse mes apprentissages scolaires en français. Ils m'inscrivirent à l'école Victor-Doré de la C.É.C.M. Pour l'occasion, mon père m'avait fabriqué une nouvelle chaise en bois, recouverte de cuirette et munie de roues, sur laquelle avait été fixée une table amovible. On pouvait également y déposer mon manteau et y insérer mon urinal. Comme mon père devait s'absenter pour un voyage d'affaires en Europe et qu'il manquait de temps pour la terminer, ce fut le menuiser de l'école qui finit l'ouvrage. Ma chaise impressionna grandement élèves et professeurs !

Ainsi que vous pouvez le constater, mes parents étaient fonceurs, débrouillards et avant-gardistes. Ils ont beaucoup fait pour moi et, même si je n'étais pas comme les autres enfants, ils m'ont toujours encouragé dans mes projets. Si je suis aussi déterminé dans la vie, c'est en grande partie à eux que je le dois.

À l'école Victor-Doré, nous étions quinze par classe. Pour m'apprendre l'alphabet, mon professeur mettait un crayon dans ma main et traçait avec moi les lettres.

C'est à cette époque que j'ai commencé à collectionner timbres et pièces de monnaie que j'ai encore aujourd'hui.

À Noël, il y avait une fête organisée par monsieur L'Herbier, propriétaire de Télé-Métropole, et où se produisaient des artistes qui nous faisaient rire et chanter.

Une fois par semaine, un orthophoniste venait à l'école nous enseigner à parler. Je répétais avec ma mère à la maison, tentant d'émettre des sons, mais, après une année d'efforts, je parvenais à peine à murmurer « maman et papa ». Nous dûmes admettre que je n'y parviendrais jamais. La médecine ne pouvait rien pour moi.

Un jour, ma mère eut une idée de génie : « Puisque tu connais l'alphabet, pourquoi ne nous parles-tu pas avec tes yeux ? Quand tu voudras dire un mot commençant par une lettre située entre A et L, tu baisseras les yeux, et de M à Z, tu les lèveras. On récitera ensuite les lettres à tour de rôle, et lorsqu'on dira la bonne, tu cligneras des yeux. » Cette trouvaille surprit bien des gens, même à l'école, qui trouvèrent que c'était là une excellente manière de communiquer.

Depuis lors, j'utilise ce système pour communiquer avec mes parents, amis et mes accompagnatrices du samedi. L'été, lorsque je vais au camp, les nouveaux moniteurs s'initient au code, et je n'ai plus besoin d'autres signes pour me faire comprendre ni d'un encombrant tableau de communication.

Mon plus grand handicap – pire que ma quadriplégie – est de ne pouvoir parler. La parole est tellement utile pour s'exprimer ou pour répondre aux gens. Quand quelqu'un d'étranger s'adresse à moi, je ne peux qu'agiter la tête et sourire, si j'en ai envie. C'est très frustrant parce qu'aucune spontanéité n'est possible en cas d'urgence ou pour un échange. Je n'ai d'autre choix que d'utiliser un intermédiaire qui, lui, doit prendre le temps de me décoder.

Pendant une dizaine d'années, j'ai recouru à divers tableaux de communication : le Bliss illustré, le Syllaber phonétique et le Syllaber orthographique en français et en anglais, avec licorne et pointeur optique. Un procédé long et laborieux. De plus, les tableaux étaient plutôt volumineux et il fallait les transporter à chacun de mes déplacements.

Une fois, on en a oublié un sur un terrain de stationnement. Mon ami m'avait transféré dans l'auto, avait rangé mon fauteuil dans le coffre mais avait malheureusement oublié d'y mettre le tableau. C'était très compliqué. En fin de compte, je préfère de beaucoup me servir de mes yeux.

Adolescence

J'AVAIS TREIZE ANS quand ma hanche s'est déboîtée lors d'un match de hockey au Forum, où j'étais allé encourager un cousin qui jouait dans l'équipe du collège de Brébeuf. À l'époque, la rivalité était grande entre Brébeuf et Sainte-Marie, deux collèges dirigés par

Nicolas Saint-Cyr.

Spectacle des « Ice Follies »
au Forum de Montréal.

les jésuites. L'accident s'est produit alors que je jouais avec mon banc. Sur le coup, la douleur était très intense, mais j'espérais que tout s'arrangerait avec le temps. Aussi n'ai-je rien dit à quiconque. C'est lors d'un examen de routine à l'école que le médecin découvrit ma blessure. Une radiographie, prise à Sainte-Justine, confirma le diagnostic. Il fallut m'opérer. Je dus m'absenter de l'école pendant cinq mois avant de pouvoir terminer ma quatrième année.

Ado, j'étais très actif. Les fins de semaine, je fréquentais les Loisirs Jean-Charles-Beaudin, les Loisirs pour personnes handicapées ou les Loisirs Le Grillon. Parmi les nombreuses activités qui nous étaient proposées, il y avait toutes sortes de spectacles, des randonnées en motoneige et des excursions au Carnaval de Québec et de Chicoutimi. J'y allais avec ma gardienne Cécile ou des accompagnateurs de ces organismes.

Au moment de la rénovation du Forum, il y a une trentaine d'années, des places pour personnes handicapées furent aménagées. « Seulement huit ! », dit alors ma mère à mon père qui lui répondit qu'il n'y en avait aucune auparavant. Mais ma mère insista : « Juste huit places, tu te rends compte ! » Après quelques minutes de silence, mon père lui donna raison : « Je comprends ce que tu veux dire. » Tant de travail restait à faire !

Pour nous permettre d'assister aux spectacles musicaux, aux représentations des « Ice Follies » ou du cirque Shriners, les employés du Forum retiraient les bancs des joueurs et celui des punitions, ce qui nous donnait davantage d'espace et un meilleur champ de vision.

De l'aide

QUAND J'EUS ATTEINT dix-huit ans, mes parents vieillissants se mirent à engager quelqu'un pour m'assister dans mes activités et mes loisirs.

Nous recrutions surtout des étudiants ou des chômeurs par l'intermédiaire du Bureau d'emploi et d'immigration ou du Service de placement étudiant de l'Université de Montréal.

Certains se plaignaient du salaire – même s'ils étaient logés, nourris et blanchis – et partaient au bout de quelques semaines. D'autres quittaient après trois mois, considérant avoir gagné suffisamment d'argent.

Mes parents et moi devions chaque fois recommencer à expliquer au nouvel arrivant de quelle façon me venir en aide, comment communiquer avec moi, etc.

Parmi ces assistants, il s'en trouva qui étaient alcooliques, situation à l'origine de quelques désagréments, comme de me faire minoucher par certains revenant d'un congé avec un verre de trop dans le corps. Je criais alors pour prévenir mon père, et il venait s'occuper de moi à leur place. Malgré toutes les précautions prises avant d'engager quelqu'un, mes parents se faisaient parfois jouer des tours. Une fois, alors qu'ils étaient sortis et que Cécile me gardait, mon auxiliaire est rentré tellement ivre qu'il est tombé par terre. Il s'est relevé tant bien que mal, puis est allé se coucher. Mon père ne l'a pas trouvé drôle.

Un incident cocasse m'est aussi arrivé chez un ami d'enfance de ma mère. À l'occasion d'une fête, l'hôte, de nature joviale, me prit spontanément dans ses bras et me coucha à ses côtés. Sa femme craignait qu'il m'ait fait mal, mais ma mère la rassura aussitôt. Tout le monde riait et moi aussi.

Je tente de garder mon calme dans ce genre de situation, tout en restant sur mes gardes : ces personnes, sans le faire exprès, pourraient me faire très mal, me casser un membre, par exemple.

Un jour, mon père dut être hospitalisé d'urgence, ce qui força ma mère à réagir très vite. Elle téléphona au collège de Brébeuf, situé en face de chez nous, pour demander de l'aide. C'est ainsi que trois étudiants se relayèrent auprès de moi matin et soir pendant six mois, en fonction de leur horaire de cours.

Malgré tout, je me considère chanceux d'avoir pu m'épanouir à la maison – et d'avoir ainsi profité d'une vie familiale stable – en y recevant les nombreux soins dont j'avais besoin. Membre de quatre associations, dont celle de la paralysie cérébrale du Québec, j'ai connu de nombreuses personnes qui n'ont pu jouir du même privilège et ont grandi dans des foyers ou des centres d'accueil où les soins étaient souvent inadéquats. Encore aujourd'hui, malheureusement, la qualité de ceux-ci laisse encore à désirer dans certains établissements. Le personnel, débordé, n'a pas le cœur à l'ouvrage ; les bénéficiaires sont souvent mal lavés et mal nourris.

Je me rappelle un camp pour adultes où, le soir de notre arrivée, une monitrice donnait un bain-éponge à un campeur couché sur son lit. En le lavant, elle s'aperçut que ses organes génitaux étaient malpropres. « Viens m'aider, demanda-t-elle à une infirmière présente dans le pavillon, on va enlever le plus gros ce soir. » Le lendemain, il y avait encore une couche d'urine séchée sur le pénis et les testicules. L'infirmière recommanda à la monitrice d'appliquer de la crème. Celle-ci, en présence du principal intéressé, répliqua qu'elle n'avait jamais lavé un homme ainsi. « Tu ris de moi ! » lui dit le campeur. Et elle de répondre : « Je ne ris pas de toi, mais de la situation. » C'était plutôt triste, mais ne valait-il pas mieux en rire en effet ? L'année suivante, j'appris que l'administration du camp avait demandé qu'on le change d'institution afin qu'il reçoive de meilleurs soins.

Parmi tous les auxiliaires qui sont passés à la maison, certains étaient très sympathiques et compétents, mais comme ils étudiaient pour la plupart, ils nous quittaient après avoir obtenu leur diplôme afin de travailler dans leur domaine, la médecine ou le droit. L'un d'entre eux, aujourd'hui avocat, a travaillé chez nous durant ses trois années d'études avant d'entreprendre son Barreau.

La vie d'une personne handicapée comporte son lot d'incidents cocasses. En 1967, par exemple, alors que je visitais l'exposition universelle de Terre des Hommes, j'ai effleuré une jeune fille en passant à ses côtés en compagnie de mon accompagnateur. Elle se retourna et, convaincue que c'était mon ami qui lui avait mis la main aux fesses, elle vint à deux doigts de le gifler. Heureusement, elle comprit vite son erreur et s'excusa. Nous avons alors bien ri.

Je me souviens aussi d'une soirée de cinéma à Laval pour le moins originale. Après m'avoir ramené à la maison, Laurent Tremblay, un auxiliaire devenu un ami proche, s'aperçut que le fauteuil roulant était resté au terrain de stationnement du cinéma. Revenus sur place, nous ne trouvâmes plus le fauteuil! Nous courûmes donc d'un poste de police à l'autre pour finir par aboutir à la fourrière municipale, aux petites heures du matin, où nous pûmes enfin le récupérer !

J'ai le même auxiliaire familial depuis vingt ans. Il s'appelle Marc Saint-Cyr et m'aide énormément. Très vite, nous sommes devenus amis, partageant nos joies comme nos peines. Il était là quand j'ai acquis mon fauteuil roulant motorisé, et c'est avec lui que je me suis installé dans mon premier appartement : deux aspects précieux de mon autonomie. Puis, nous avons rencontré Denise. Un an plus tard, après en avoir discuté tous les trois, elle emménageait chez nous. Après cinq ans de vie commune, Denise et Marc se sont mariés. Il y a maintenant treize ans que nous vivons à trois, comme avec mes parents à l'époque. Je n'aurais jamais pensé mener de nouveau ce type d'existence ni imaginé que la femme de Marc s'accommoderait de la situation. Eh bien, c'est le cas !

À l'époque où nous nous sommes connus, je mis Marc au défi de me descendre par l'escalier avec ma chaise, six étages plus bas. À ma grande surprise, il le fit. Marche par marche, palier après palier ! Quand Marc dit quelque chose, il tient parole.

Je l'appris à mes dépens la fois où, lors d'un bain, j'avais rouspété à un point tel qu'il n'avait eu d'autre choix que de me menacer de me mettre la barre de savon dans la bouche si je ne cessais pas mon petit manège. Je ne croyais jamais qu'il le ferait ; eh bien, j'y ai goûté !

Il arrive aussi qu'une simple blague tourne mal. Une fois, par exemple, alors que nous nous promenions en compagnie de deux dames, Marc lâcha mon fauteuil dans une côte, pensant que celles-ci me retiendraient… Il n'avait pas prévu qu'elles auraient peur. Je me suis donc retrouvé par terre, sur la chaussée… où Marc, tout confus, vint à mon secours. Sur le coup, j'en voulus à ces deux « folles » d'avoir paniqué. Même si c'est amusant à raconter, davantage de prudence, cette fois-là, n'aurait fait de tort ni à ma tête ni à son dos.

Il est aussi arrivé à Marc de constater qu'il avait laissé ma valise sur le trottoir, devant chez mes parents, alors que nous étions en route vers notre chalet dans le Nord. Il nous fallut rebrousser chemin pour venir la chercher. Heureusement, mon père avait pris soin de la ramasser !

Marc et moi aimons beaucoup nous taquiner. Et, pour être franc, je ne cède pas ma place pour les « mauvais coups ». Quand il bricole, par exemple, il m'arrive de cacher ses outils en m'installant dessus avec ma chaise roulante. Un vrai jeu d'enfant !

Dans les centres commerciaux, nous nous séparons le temps que Marc effectue les achats. Nous nous fixons alors rendez-vous à un endroit donné. Je peux donc à loisir faire du lèche-vitrine en attendant. Bizarrement, lorsque j'aperçois un objet qui me fascine (surtout les appareils électroniques), j'en oublie l'heure… Marc me connaît bien ; il finit toujours par me retrouver. Mais, parfois, il s'inquiète et se fâche : dans un magasin, je suis difficile à repérer puisque ma tête ne dépasse pas les étagères…

Le samedi, Marc prend congé et sort avec Denise. Mes accompagnatrices du camp Papillon prennent la relève et m'assistent pour l'habillement, la toilette, la nourriture, la sortie et le coucher. Elles savent décoder mon langage et sont souples dans leurs horaires. Deux d'entre elles m'ont ainsi assisté pendant trois ans. Elles étaient formidables : l'une étudiait en ergothérapie, l'autre, en sciences infirmières. Leur venue était facilitée du fait que nous logions à proximité de l'université.

Réactions

Q UAND DES GENS M'ABORDENT pour la première fois dans un lieu public, il leur arrive de se demander si je comprends ce qu'ils disent puisqu'il m'est impossible de leur répondre par la parole.

Lorsqu'ils ont saisi que je m'exprime au moyen des mouvements de mes yeux, certains, intrigués par ma façon originale de communiquer, s'informent du fonctionnement de mon code de communication. D'autres, moins subtils, s'adressent directement à mon accompagnateur : « Y comprend-tu ? Y reste-tu dans un centre ? » Comme si mon handicap – que je dois malheureusement encore trop souvent décrire et expliquer – touchait aussi mon esprit et mon intelligence ou m'empêchait d'exercer une certaine autonomie !

Dans les commerces, il m'arrive fréquemment de solliciter les dons du public pour le compte de la Société pour les enfants handicapés du Québec. Le croiriez-vous, certaines personnes me donnent de la nourriture ? Comment peuvent-elles s'imaginer que je quête pour manger ? Pensent-elles aussi que l'argent recueilli s'en va dans mes poches plutôt que dans les coffres de la Société ? Je ne leur en veux pas, mais leur inconscience me trouble – et me choque même !

Avec les enfants, la relation s'établit de manière plus franche et directe. « Pourquoi t'es comme ça ? Tes mains sont croches ! Pourquoi tes jambes marchent pas ? As-tu une langue ? Tu parles pas ! », me disent-ils en me regardant droit dans les yeux. Un jour, un garçonnet m'a même demandé si j'avais un pénis. Et sa petite copine de répondre : « Ben oui, il fait pipi, comme tout le monde ! » Je l'ai trouvée bien bonne !

Avec les personnes handicapées, les enfants sont moins gênés que les adultes. Ils sont curieux, simples et spontanés. Souvent, les adultes m'observent sans oser m'approcher. J'en ai pris l'habitude et ne m'en fais pas, sauf quand ils me dévisagent avec trop d'insistance. Alors, je leur rends la pareille, et ce sont eux qui détournent le regard.

Plusieurs m'ont vu nu puisque j'ai toujours eu besoin d'aide pour m'habiller et me laver. Quand je suis déshabillé, les gens remarquent d'abord ma scoliose, à savoir la déviation de ma colonne vertébrale, puis mes jambes crochues – l'une est devenue plus courte que l'autre à la suite d'une opération. Je suis aussi bien maigre, un vrai «poids plume» avec mes trente-trois kilos. Un jour, au camp Papillon, une monitrice a été tellement bouleversée de me voir nu qu'elle s'en est allée voir son chef après m'avoir recouvert le sexe d'une serviette!

Famille

JE ME CONSIDÈRE choyé dans la vie parce que j'ai reçu beaucoup d'amour. Mes parents se sont toujours bien occupés de moi, et je n'ai jamais manqué de rien. Par contre, je n'étais pas un enfant gâté; il y avait une discipline à observer à la maison, et ma mère ne me laissait pas agir selon mes caprices.

Pendant les vacances, mes parents louaient une maison dans les Laurentides. C'est grâce à ma cousine Paule si nous avions découvert cette belle région que nous avions tout de suite adoptée. Pendant des années, nous avons habité des chalets à Saint-Sauveur, Piémont et Sainte-Adèle.

Nous y allions quelque fût la saison. Mes parents invitaient souvent leurs nombreux amis à venir passer le week-end avec nous. Ils organisaient de grandes fêtes dont tous profitaient et repartaient ravis. À chaque fois, c'était toujours la plus belle fête de l'année!

Malheureusement, au fil des ans, mes parents virent disparaître leurs chers amis les uns après les

Avec mes « jeunes » parents lors d'un séjour dans les Pays-d'en-haut, 1984.
PHOTO : Alfred Saint-Cyr.

autres. Quant à eux, ils avaient la « couenne » dure puisque tous deux vécurent jusqu'à 85 ans. Nous rendrons-nous jusque-là ?

Quand mon père a pris sa retraite, nous sommes allés passer nos hivers en Floride, ce qui me convenait à merveille, à moi qui suis frileux.

Ma marraine, tante Pauline, était l'unique sœur de ma mère. À chaque année, la fête du Jour de l'an avait lieu chez elle : plus de soixante personnes, de la grand-mère au dernier-né, avec flûtes et chapeaux, s'entassaient dans son cinq pièces et demie. Imaginez le méli-mélo ! Dans ce mélange de générations se retrouvaient de grands enfants et des petits de tout âge. Parfois, on ne distinguait plus très bien les premiers des seconds !

Le mari de Pauline, l'oncle Jacques, était avocat, mais il a travaillé toute sa vie comme syndic de faillite. À l'époque, la gestion des faillites était beaucoup plus complexe qu'aujourd'hui et exigeait énormément de temps.

Lors d'une visite à Sainte-Adèle, tante Pauline et oncle Jacques remarquèrent une superbe maison en pierres des champs qui était à vendre, tout près du chalet que nous occupions. Ils l'achetèrent sur un coup de cœur, et nous nous y sommes retrouvés souvent.

Tante Pauline et oncle Jacques sont morts aujourd'hui. Ils n'ont pas eu d'enfant.

Il ne me reste qu'une seule tante encore vivante et neuf cousins du côté de la famille Jean ou de la famille Cartier (nom d'un oncle par alliance). Un de mes cousins est mort d'un accident d'automobile à l'âge de vingt ans. Il a eu droit à des funérailles militaires, car il était élève officier au sein des cadets de l'air, à l'ex-Collège militaire de Saint-Jean. Nous n'avions que six mois d'écart, Pierre étant né en juin et moi, en novembre. Ma mère avait pensé me donner son prénom, mais tante Mary l'ayant devancée, elle opta pour Robert ; un seul Pierre dans la famille Jean était bien suffisant.

Durant l'été, j'allais passer une semaine ou deux chez mon oncle Maurice Jean et ma tante Suzanne, à Nicolet, afin de permettre à mes parents de prendre des vacances. Mon cousin André s'occupait de moi, et nous nous amusions bien avec ses deux sœurs, Madeleine et Monique. Je me souviens d'une fois où, effrayé par une vache qui, égarée, s'était un peu trop approchée de moi, je m'étais mis à crier. Mon père, présent à ce moment-là, était accouru le pantalon déboutonné. Vous devinez d'où il sortait. Nous en avions bien ri, par la suite, mais, sur le coup, j'avais eu très peur.

Du côté de la famille Cartier, ma tante Atala (un drôle de prénom, le même que celui de ma grand-mère) a eu six enfants que je vois encore aujourd'hui. Infirmière, elle avait épousé un médecin spécialiste des maladies pulmonaires, que tous appelaient Ti-Paul, à cause de sa petite taille. C'est à Thetford Mines surtout, auprès des travailleurs des mines d'amiante, qu'il a exercé sa profession.

Deux de mes cousines, Paule et Micheline, habitent maintenant les Cantons-de-l'Est avec leur mari respectif, Bob et Jean-Guy. Chaque année, au mois d'octobre, Paule nous prête son condo à Owl's Head, et nous nous retrouvons tous ensemble pour souper à Knowlton. Micheline et Jean-Guy ont longtemps tenu boutique au Lac Brome; je revenais toujours de chez eux avec un souvenir pour lequel ils me faisaient un prix de famille. L'automne venu, j'ai toujours hâte de les revoir.

Mon cousin Jean, fils de Ti-Paul, habite l'île d'Orléans avec sa conjointe Johanne. Il gère les fonds de pensions des professeurs de l'université Laval.

Je vais les visiter tous les étés, et nous pratiquons toutes sortes d'activités : cueillette de fraises, feux d'artifice, marches sur les quais, ballades en bateau... Il y a deux ans, nous sommes allés jusqu'à La Malbaie visiter la mère de Johanne. Cela m'a permis de découvrir un autre beau coin du Québec.

Quand son frère André a fréquenté le collège de Brébeuf, il venait souvent nous rendre visite puisque nous habitions juste en face. Après cela, nous nous sommes perdus de vue pendant des années jusqu'à ce qu'on se revoie chez ses parents, sur la Grande-Allée, à Québec.

Denis et Benoît sont deux jumeaux non identiques d'à peine un an plus jeunes que moi. Quand nous étions enfants, Benoît s'amusait avec mon train électrique tandis que Denis voulait toujours lui montrer comment faire. Ils s'obstinaient à savoir lequel des deux avait raison, et Denis l'emportait souvent. Son frère, qui avait l'air moins éveillé, est pourtant avocat aujourd'hui.

Voilà donc pour mes cousins et cousines.

J'ai aussi une troisième famille, du côté de ma grand-mère paternelle, les Martin (Paul, Aline, Henri et Jeanne, tous encore vivants), mais je les fréquente peu.

Cette année, j'ai revu une petite cousine de mon père, madame Belzile, qui était très contente de ma visite. Nous avons évoqué de bons souvenirs datant de l'époque où elle travaillait à l'hôpital Notre-Dame de Montréal. Infirmière au département d'obstétrique, elle se rappelait très bien l'accouchement difficile de ma mère. Elle qui m'a vu naître, affirme que j'étais beau. Mais il paraît qu'on en dit autant à toutes les mères !

Rencontres

AU COURS DE MA VIE, j'ai eu la chance de rencontrer nombre de personnalités importantes. À une certaine époque, plusieurs artistes québécois habitaient Vaudreuil où mes parents avaient des amis. Félix Leclerc, entre autres, y possédait un chalet. Lors d'une visite chez lui, il s'est assis à mes côtés et m'a dit quelques mots gentils.

Marc-Aurèle Fortin demeurait, lui, à Sainte-Rose, d'où venait la famille de ma mère. L'épouse du peintre était la cousine d'oncle Jacques. Au cours de nos fréquentes ballades en voiture, nous croisions quelquefois « le gars en bicyclette » comme on surnommait l'artiste, parmi les plus grands que le Québec ait connus selon moi. C'est à Sainte-Rose, d'ailleurs, que je vais finir mes jours, moi aussi, six pieds sous terre ! Mes parents y sont enterrés, et ma place est déjà réservée à leurs côtés.

Ma famille paternelle vient du bas du fleuve, de Sainte-Luce-sur-mer plus précisément. Elle a compté parmi ses amis le fameux sculpteur Jean-Julien Bourgault,

Visite chez le sculpteur Jean-Julien Bourgault, 1983.
De gauche à droite : Robert Jean, Marc Saint-Cyr et Jean-Julien Bourgault.
PHOTO : Paul-Émile Jean.

de Saint-Jean-Port-Joli. Ainsi ai-je eu l'honneur d'être reçu dans la belle maison de ce réputé sculpteur sur bois.

Être handicapé a ses avantages, comme de pouvoir parfois passer devant les files d'attente ou rencontrer des gens connus.

Ainsi, un ami de mon père, sachant mon amour du hockey et connaissant Maurice Richard, m'a un jour organisé une rencontre avec le célèbre joueur, qui vint à la maison m'apporter un calendrier des matches du Canadien.

« As-tu déjà assisté à une partie de hockey du Canadien ?, me demanda-t-il à cette occasion.

– Non, lui répondis-je.

– Aimerais-tu en voir une ? »

À l'expression de mon visage, il avait compris combien j'en rêvais !

Quelques jours plus tard, Maurice Richard téléphonait à mon père : « Rendez-vous au garage du Forum, juste avant la partie, on vous ouvrira les portes. »

Ce fut le « Rocket » en personne qui m'installa sur le bord de la patinoire. Il alla même jusqu'à se pencher à ma hauteur pour vérifier si je verrais bien la partie. La bande me cachant partiellement la glace, il fit venir des planches pour rehausser mon fauteuil. Le lendemain,

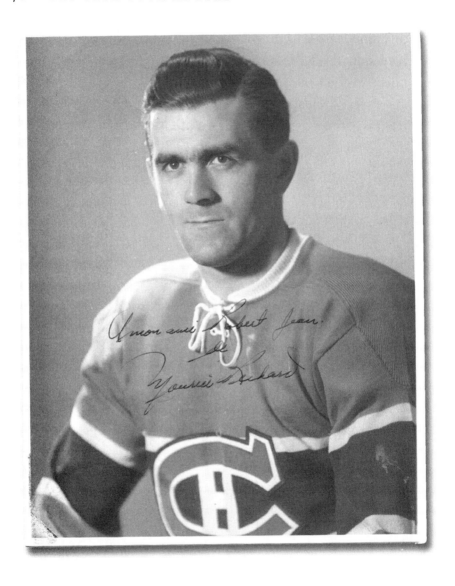

il y eut une photo de nous deux dans le journal et un article sur moi. Comme j'étais fier !

Plus tard, j'ai aussi discuté avec Jean Béliveau lors d'une activité-bénéfice au Forum. Ce véritable gentilhomme a souvent aidé la Société pour les enfants handicapés du Québec à recueillir des fonds au moyen d'événements spéciaux mettant en vedette le Canadien de Montréal. Et il continue son œuvre par le biais de la Fondation Jean-Béliveau, gérée par la Société. Grâce à lui, le camp Papillon a pu faire l'achat d'une nouvelle ambulance.

J'ai aussi connu deux des premières quintuplées canadiennes, Cécile et Yvonne Dionne, qui ont travaillé comme infirmières au camp Saint-Alphonse, devenu plus tard le camp Papillon. Jamais auparavant, je n'avais entendu parler d'elles. C'est seulement plus tard – lorsque leur histoire fut encore une fois reprise par les médias – que je me suis rappelé le triste récit qu'elles m'avaient fait de leur enfance de cirque. Un seul autre campeur avait eu le privilège d'entendre leurs confidences. Ce qu'il m'avait alors dit à leur sujet concordait exactement avec ce qu'elles m'avaient raconté à moi.

Je perdis de vue Cécile et Yvonne pendant deux ans. Puis, un jour, elles vinrent me visiter à l'hôpital lors de mon opération à la hanche. Faciles d'approche

Guy Lafleur et Jean Béliveau lors d'une visite au camp Papillon, 1976.
PHOTO : Archives de la Société pour les enfants handicapés du Québec.

et simples comme toujours. Par la suite, je me suis tenu au courant de leurs déboires par l'intermédiaire des médias. Le fils d'Yvonne, qui les a incitées toutes deux à prendre un avocat et à poursuivre le gouvernement ontarien, avait bien raison puisque, après bien des années, elles ont enfin obtenu compensation pour les souffrances passées. Quelle triste histoire !

J'ai rencontré René Lévesque à deux reprises. La première fois, j'avais huit ans. Il était journaliste à Radio-Canada dans ce temps-là. Nous étions assis côte à côte au salon de coiffure, et j'avais été pris d'un fou rire en voyant comment faisait le barbier avec le peu de cheveux qu'il lui restait! Mon père m'avait discrètement fait signe d'arrêter de rire. La deuxième fois, c'était au Parlement de Québec alors qu'il était premier ministre. René Lévesque avait pris le temps de venir me serrer la main.

Rodrigue Biron, de passage à Sainte-Adèle, m'a un jour offert une photo autographiée.

L'ancien ministre de la Justice, Jérôme Choquette, était le neveu de mon oncle Jacques. Je garde d'ailleurs un souvenir particulier de la Crise d'octobre. Alors que je rendais visite à ma tante Pauline, en 1970, il était là, lui aussi, accompagné de deux gardes du corps. L'un des deux m'a sorti de la voiture et me transporta dans ses bras jusqu'au salon.

Benoît Bouchard a déjà été moniteur au camp Papillon. Un drôle de gars, jovial et plein d'humour. Bien des années plus tard, lors de sa nomination comme ambassadeur en France, je lui envoyai une lettre de félicitations. Par la suite, je reçus un mot écrit de sa main où il disait se souvenir de moi. Il a également travaillé pour le Canadien National et œuvre aujourd'hui pour la sécurité dans les transports.

Louise Roy aussi a été monitrice au camp Papillon avant d'être présidente du conseil d'administration de la S.T.C.U.M. J'ai bien connu sa mère, à Sainte-Adèle, qui était bénévole à l'Association des personnes handicapées des Pays-d'En-Haut.

Lors d'un voyage en Floride, en compagnie de mes parents, nous avons assisté à un spectacle de Roger Whittaker. J'appréciais beaucoup ses ballades et ses sifflements. Je l'ai attendu à la fin du concert. « Bonjour mon ami », me dit-il alors, en français, avant de me signer un autographe.

Au sein de conseils
d'administration

J'AI SUIVI les traces de mes parents qui se sont beaucoup dévoués au sein de l'Association de la paralysie cérébrale du Québec. Ma mère, je l'ai déjà mentionné, en a été l'une des fondatrices ; mon père, quant à lui, a longtemps été membre du conseil d'administration de l'Association. Tout comme eux, c'est surtout dans la région de Montréal que j'ai œuvré pour cet organisme sans but lucratif.

La planification des loisirs m'intéressait particulièrement, et nous avons organisé de nombreuses activités : chorale, natation, hockey cosom, peinture, concerts, cabane à sucre, etc. L'Association a aussi mis sur pied un camp à Saint-Paul-de-l'Île-aux-noix. Nous allions parfois nous promener sur le lac Champlain dans l'embarcation d'un voisin.

Malheureusement, après plus de quarante ans d'existence, des problèmes internes sont apparus au

Côte-des-Neiges inc.

sein de l'organisation. Était-elle devenue trop grosse avec ses sections aux quatre coins de la Province? Les problèmes ont eu raison de ses membres, et la pyramide s'est effondrée. Je sais cependant que certains services sont encore offerts.

De 1987 à 1989, j'ai été conseiller, puis vice-président, de l'Association des personnes handicapées des Pays-d'En-Haut, où j'ai surtout travaillé au niveau de l'accessibilité des lieux publics et du financement (vente de lapins de Pâques, etc.). Faute de participation, l'organisme a dû fermer. Les distances entre les quatorze municipalités couvertes par l'Association constituaient un problème majeur puisqu'il n'existait pas de transport adapté dans la région. Mon engagement au sein de l'Association m'a permis, par ailleurs, de me faire un bon ami que je fréquente encore maintenant.

J'ai aussi été, de 1989 à 1991, vice-président à L'Envol Côte-des-Neiges où j'ai surtout milité en faveur de l'installation de bateaux pavés aux coins des rues et de l'accessibilité des immeubles à logements (par l'entrée principale ou le garage souterrain).

Apprendre

J'ai suivi des cours de psychologie et de relations humaines, au début des années soixante-dix, afin de connaître et de comprendre mieux les réactions des gens. Les humains ont une nature complexe ; ils sont également bien différents les uns des autres dans leurs façons de penser et d'agir. Ceux que je croise dans la rue ont souvent le regard dur et l'air sévère. Ils courent sans cesse, comme plongés dans leurs réflexions : le stress de la ville, sans doute !

Malgré tout ce qu'on peut raconter sur les jeunes d'aujourd'hui, je les trouve épatants. Les moniteurs et cuistots du camp, par exemple, sont d'une disponibilité et d'une générosité impressionnantes. De plus, quand on jase avec eux, on se rend compte de la grande motivation qu'ils ont pour leurs études.

En 1983, j'ai suivi des cours de français pour adultes handicapés au Centre Champagnat de la C.É.C.M. Mon orthographe était pauvre, et je voulais l'améliorer. Le fait d'être muet – et de devoir communiquer avec mes

Le ministère de l'Éducation m'a octroyé une subvention, en 1983,
pour l'acquisition de cette machine à écrire électronique.
C'est ma professeure, Marthe Garneau (première à gauche), qui m'a donné le
goût d'écrire. PHOTOS : Marc Saint-Cyr.

yeux en faisant épeler et répéter les mots – ne m'a pas aidé à bien maîtriser ma langue maternelle. D'autre part, j'ai eu tellement de tableaux de communication différents que j'ai encore de la difficulté à écrire correctement. En voici un exemple :

Hiver avec que ton tapi blen tu recouve la terre. Sur les arbus tu fai les petites montagnes. Les arbres bouge leurs branches se fape a une on dirai elle se parle...

Comme le disait mon enseignant, le plus important est de se faire comprendre.

Nous n'étions que huit dans la classe, ce qui permettait au professeur de prendre le temps de mieux nous connaître et d'expliquer à chacun selon ses besoins. L'apprentissage était bien meilleur que si nous avions été vingt, par exemple. Je travaillais avec une machine à écrire inclinée, ce qui était plus simple pour moi. J'ai composé des poèmes seul et en groupe.

Je me suis ensuite intéressé à la peinture, à l'huile et à l'eau. Un pinceau fixé sur ma licorne, je pouvais facilement y passer des heures. J'ai achevé quatre tableaux en deux ans.

C'est une toile représentant un voilier qui m'a demandé le plus de temps et de minutie, pour le mouvement des vagues, notamment. Et mon dernier chef-d'œuvre enfin : un vieux pêcheur reprisant son filet avec un enfant devant la barque. Il m'a fallu beaucoup de persévérance pour le terminer parce qu'il était plus grand que les trois premiers. J'en suis très fier.

Je passe aussi beaucoup de mes soirées devant mon

PHOTO : Marc Saint-Cyr

téléviseur. Mes intérêts sont très variés. En fait, je suis très éveillé, curieux, et j'ai une grande soif d'apprendre.

Les émissions sur les animaux, la nature et les voyages me captivent, mais les documentaires scientifiques, traitant d'astronomie et de médecine, m'intéressent davantage. J'ai été fasciné, par exemple, par le débarquement des premières missions sur la lune avec Glenn et Amstrong, et sur Mars ensuite, avec le Pathfinder. Les nouvelles techniques pour débloquer les artères –

par l'injection d'un liquide au cœur, afin d'éviter l'opération –, m'impressionnent énormément, tout comme
les témoignages des grands traumatisés crâniens qui
refont leur vie.

Quand il y a deux bonnes émissions en même
temps, j'en enregistre une sur vidéo.

Très attiré par les concerts classiques, j'apprécie les
artistes de grand talent tels que Pavarotti, Yanni, Rieu,
Lotti et j'en passe... Les très belles mélodies m'enchan-
tent et me détendent.

Grand amateur de sport, je peux suivre durant des
heures les matches du Canadien ou des Expos que je

À temps perdu, il m'a fallu quatre mois pour terminer cette peinture
à numéro mesurant six pouces par sept pouces.

commente avec mes amis. J'ai un calendrier mensuel à mon chevet pour ne rien manquer des parties à venir. Je m'intéresse aussi aux stratégies de curling, de billard et de tennis.

Quand j'étais enfant, il y avait de nombreuses émissions éducatives, alors qu'aujourd'hui, avec toute la violence qui envahit les écrans, les parents ont raison d'être vigilants.

Je regarde beaucoup les *quiz* à la télévision américaine qui sont, à mon avis, beaucoup plus instructifs et captivants que ceux d'ici, souvent ennuyeux, « quétaines » et enfantins. Dommage qu'il n'y ait plus d'émission comme *Tous pour un*, que j'appréciais beaucoup à l'époque.

Au milieu des années quatre-vingts, j'ai commencé à m'intéresser aux ordinateurs. C'est au Centre de réadaptation Lucie-Bruneau que j'en ai appris le fonctionnement. Une licorne sur la tête, je me suis familiarisé avec l'appareil, appuyant sur les touches du miniclavier. J'ai apprivoisé cet extraordinaire outil en faisant des dessins, des jeux et des textes. Et je m'y suis finalement suffisamment intéressé pour m'en procurer un. Vous êtes à même d'en constater l'utilité puisque ce livre a été écrit à l'aide de l'ordinateur.

Un logement pour moi

Avenue Decelles

J'ai habité avec mes parents, dans le même immeuble, pendant quarante-deux ans. On peut dire d'eux qu'ils n'étaient pas des «déménageux»! À vrai dire, nous avons changé de logis une fois... en descendant d'un étage. Pour mes parents, d'être là était plus pratique : moins de marches à monter ou à descendre avec moi et mon fauteuil roulant ; en plus, je pouvais disposer d'une chambre à moi. Dehors, il y avait bien un escalier d'une quinzaine de marches... Heureusement, j'ai toujours été léger, sinon nous n'aurions jamais pu vivre aussi longtemps dans cet appartement que nous aimions tant. Malgré tout, l'hiver venu, avec la neige et la glace, et mes parents qui ne rajeunissaient pas, ça devenait de plus en plus périlleux pour moi de sortir et d'entrer les derniers temps.

L'avenir est angoissant, pou

par Jeanne DESROCHERS

Robert a 27 ans. Il s'intéresse beaucoup aux émissions scientifiques à la télévision. Il nage une fois la semaine. L'été, il passe plusieurs semaines au camp. Il visite les expositions d'art. Récemment, il a invité des amis pour fêter l'anniversaire de sa mère et lui a offert des fleurs.

Ce qui préoccupe Robert par dessus tout, c'est de savoir où en est rendu le projet d'une résidence pour les adultes victimes de la paralysie cérébrale.

Car Robert est un des plus atteints parmi ces victimes. Il est immobile dans sa chaise roulante toute la journée. Il ne parle pas. Avec ses parents et son infirmier, il se sert d'un code qui ressemble à celui d'un quizz à la télévision. Ses proches sont attentifs aux grognements qu'il émet, pour exprimer son accord, son approbation à une blague, sa bonne humeur, ou son désir de parler. S'il lève les yeux, on sait qu'il veut indiquer un mot commençant par une lettre de la première moitié de l'alphabet. S'il baisse les yeux, le mot commence par une lettre de la deuxième moitié de l'alphabet.

Dès qu'on a trouvé les deux ou trois premières lettres, surtout quand la conversation est déjà aiguillée sur un sujet bien précis, on sait de quel mot il s'agit, et on devine ce qu'il veut dire.

Ainsi, quand son père, qui est l'un des membres fondateurs de la fondation récemment mise sur pied dans le but d'établir une résidence pour les adultes handicapés comme Robert, parle des travaux de son comité, le fils indique son impatience à propos de ces comités qui n'avancent pas vite. On ne peut pas se tromper, il a bien dit: "branleux".

Et quand sa mère revient d'une réunion de l'Association de paralysie cérébrale, dont elle fut membre fondatrice dès 1949, elle sait la question qui l'attend: "Et la résidence?"

La résidence prend de plus en plus de place dans les préoccupations de la famille Jean, à mesure que Robert et ses parents vieillissent. et se posent la question qui hante tous les parents d'handicapés. "Qu'est-ce qui va advenir de lui quand nous ne serons plus là ?"

Robert, qui a fréquenté une école spéciale et un camp pour handicapés et qu'un infirmier promène là où il veut aller, est habitué à quitter la maison, et à communiquer avec

Robert est encore entre son père et sa mère. Mais, plus tard . . .

Article de Jeanne Desrochers, photo de Yves Beauchamp. SOURCE : *La Presse*, 1ᵉʳ juin 1973.

un adulte paralytique

qui connaissent ses difficultés. Il
t très heureux, semble-t-il, de
dès maintenant avec ses sem-
es, quitte à revenir à la maison
ièrement. La transition serait
moins douloureuse qu'elle le sera s'il
doit un jour être séparé brusquement
et définitivement de ses parents.

Et cette séparation serait d'autant
plus dure que rien n'est prévu, en ce
moment, pour des cas comme celui
de Robert. Il y a des centres d'accueil pour les enfants, et d'autres
pour les vieillards. Des jeunes comme
Robert sont casés avec les vieillards
ou les idiots. S'ils ne sont ni l'un ni
l'autre, ils peuvent en prendre rapide-
ment toutes les apparences.

C'est pourquoi M. Paul Jean consa-
cre beaucoup d'énergie à la fondation.
Même si Robert trouve que ça ne va
pas vite, le comité doit d'abord examiner les besoins (au moins 50 adultes de la région de Montréal auraient
immédiatement besoin d'une résidence) et faire le tour de toutes les
sources possibles de financement.

Un programme de la Société d'hypo-
thèques et de logement prévoit 90
pour cent du financement, mais c'est
le comité qui doit trouver le premier
10 pour cent et présenter un projet
bien précis, un emplacement défini,
un budget détaillé.

L'Association de paralysie cérébrale,
de son côté, continue de s'occuper des
besoins quotidiens des handicapés, de
leur transport, de leurs loisirs, de l'information au public et aux parents,
du dépistage de cas, du prêt d'équipement spécial, d'orientation, etc...

L'Association reçoit 45 pour cent de
son budget de la Campagne des fédé-
rations, et profite de quelques subventions gouvernementales pour des projets spécifiques. Ses membres se dé-
brouillent pour trouver le reste. Cette
semaine, vendredi, des volontaires
vendront des œillets à la porte des
banques de la région de Montréal.
(L'Association peut accueillir les volontaires de dernière minute qui offri-
raient leurs services en téléphonant à
937-9143).

Toute la semaine a été consacrée, à
travers le pays, à la paralysie cérébrale, sous le thème "Comprendre
c'est aider". Le public est invité, samedi, de 2 heures 30 à 7 heures 30, à
voir les travaux des handicapés au
centre Gadbois (5485 chemin Saint-
Paul), et à assister à des joutes spor-
tives. Les enfants de l'école Peter
Hall (2465 Bois Francs) donneront samedi, d'une heure à 3 heures, une dé-
monstration de natation. Il y aura
aussi présentation de films et colla-
tion.

photos Yves Beauchamp, LA PRESSE

Une mauvaise expérience

Trouver de l'aide n'était pas une mince affaire pour mes parents qui étaient souvent à la recherche d'auxiliaires pouvant se charger de moi et leur permettre un certain répit par la même occasion. C'était toujours à recommencer.

Une année, peu de temps avant Noël, alors qu'elle était à court de ressources, madame Madeleine Dalmé, responsable des loisirs à l'Association de paralysie cérébrale, suggéra à ma mère de me placer dans un centre pour personnes âgées. J'y restai trois semaines. Quel enfer!

Les administrateurs du Centre m'avaient logé avec les femmes «pour quelques jours seulement», le temps que la chambre qui m'était destinée se libère. Une semaine plus tard, un seul des deux occupants de cette chambre avait été transféré à l'hôpital Louis-Hyppolite-Lafontaine, et comme c'était trop risqué pour moi de cohabiter avec un malade psychiatrique, j'attendais, j'attendais. Jour après jour, je restais assis dans mon fauteuil roulant, sans bouger, sans la moindre activité, et je perdais le moral. Trois semaines et j'étais encore dans la section des femmes. «Oh! le chanceux», direz-vous; oui, peut-être, mais à part le respect que je leur porte, je les aurais préférées plus jeunes!

Heureusement quand même, avec quelques amis, logés, eux, du côté des hommes, nous allions une fois par semaine au Centre Gadbois suivre des cours ou participer à des activités de loisir.

Puisque je suis muet, mes parents s'étaient entendus avec mes amis pour avoir des nouvelles. Ma mère, inquiète, leur téléphonait souvent. L'un d'eux s'était lassé et s'était plaint à la Direction qui avait aussitôt contacté mes parents. Le directeur, qui était tout de suite « monté sur ses grands chevaux », leur dit de venir me reprendre. C'est ainsi que mon père, « en beau fusil », a débarqué un jour, en plein après-midi, pour me ramener à la maison : « Ta mère est allée chercher tes pilules, tu t'en reviens chez nous ! » C'était la goutte qui avait fait déborder le vase.

Rue Jean-Brillant

En 1984, nous nous sommes réunies, quelques personnes handicapées, pour tenter d'obtenir des logements adaptés dans notre quartier. Appuyés par nos parents et amis et accompagnés de trois personnes-ressources, nous sommes allés rencontrer le président du Comité exécutif et conseiller de Jean Drapeau, monsieur Yvon Lamarre, qui répondit oui à notre demande.

Nous nous sommes alors incorporés. Après plusieurs rencontres avec des fonctionnaires de l'Office municipal d'habitation et de la Société de développement, trois ans d'attente et de multiples démarches, le projet est enfin devenu réalité. Ainsi fut construit un immeuble de douze logements, dont quatre adaptés à nos besoins. Pierre Richard, architecte handicapé, en fit les plans en tenant compte de nos suggestions. Une très belle collaboration !

Pour la première fois de ma vie, j'avais enfin mon appartement à moi que je partageais avec mon ami et auxiliaire, Marc. Nos quatre logements communiquaient entre eux par un sentier à l'arrière. Chacun était muni d'une « porte-patio ».

Habitant au rez-de chaussée, je pouvais entrer et sortir à ma guise grâce à la porte électrique que j'actionnais avec ma tête à l'aide d'une languette et d'une télécommande. Et la baignoire surélevée facilitait drôlement la tâche à mon auxiliaire qui devait me soulever pour me sortir de mon bain. De plus, contrairement à bien des gens, je pouvais attendre tranquillement mon transport public bien à l'abri dans mon salon.

J'y suis resté près de cinq ans…

Peu de temps avant le début des travaux de construction, Marc a rencontré celle qui allait devenir sa femme, elle aussi préposée, mais pour mes voisins. Denise assistait aux réunions où nous discutions des services de maintien à domicile. Nous nous voyions donc souvent et un jour, « ça a cliqué » entre eux deux. Quelle belle histoire !

Un an plus tard, il fut question qu'elle emménage avec nous. Même si j'avais vécu quarante-deux ans avec le couple que formaient mes parents, j'hésitais à bouleverser ma nouvelle vie d'homme seul. J'avais besoin de temps pour réfléchir. Elle aussi, j'imagine... Pensez-y : vivre avec deux « vieux garçons » !

En septembre 1990, mon père est décédé subitement d'une crise cardiaque après avoir été hospitalisé deux fois d'affilée pour une pneumonie. Ce fut une période difficile. Pour ma mère, surtout, qui n'acceptait pas le départ de mon père et pour moi qui ne pouvais guère l'aider. Marc vint à la rescousse pendant un temps, mais la tâche devenant trop lourde, nous dûmes demander à un cousin d'intervenir auprès d'elle afin de lui faire comprendre que nous avions notre vie à vivre, nous aussi.

Un mois plus tard, elle se décidait enfin à emménager dans une résidence pour personnes âgées autonomes. Mais son deuil l'avait rendue dépressive, et il fallut engager une préposée de jour pour s'en occuper parce qu'elle devenait trop accaparante auprès des infirmières. Au bout de quelques semaines, la situation redevint à peu près normale. J'allai la voir souvent, et nous sortîmes quelquefois magasiner dans les centres commerciaux.

En septembre 1991, ma mère succomba à un accident cérébro-vasculaire. Ce fut très dur à vivre, mais avec l'aide de mes amis et du reste de ma famille, je réussis à surmonter ma tristesse en continuant à faire du bénévolat et en participant à toutes sortes d'activités.

Chemin de la Côte-des-Neiges

Notre ancien appartement étant devenu trop petit pour nous trois, nous avons déménagé dans un vieil immeuble du chemin de la Côte-des-Neiges, où nous avons occupé un grand cinq pièces et demie situé au quatrième et dernier étage. Il m'était plus facile d'y circuler avec mon fauteuil motorisé, et j'avais enfin un espace de travail.

En revanche, l'ascenseur était vieux et souvent capricieux. Il arrivait parfois que je doive descendre les quatre étages dans les bras de Marc alors qu'un voisin, un ami ou le concierge, s'occupait du fauteuil. Par chance, je ne pèse pas trop lourd, mais, quand même, nous trouvions la vie un peu moins drôle ces jours-là.

Il me fallait, pour accéder à l'ascenseur, passer par le garage, car la porte d'entrée principale n'était pas accessible aux personnes handicapées, ce qui n'était pas très commode. Par contre, l'hiver et les jours de pluie, j'appréciais les longs couloirs qui me permettaient de bien sécher mes pneus avant d'entrer chez nous. J'aimais aussi beaucoup le grand jardin où je me reposais en prenant l'air, l'été. J'avais l'impression d'être à la campagne avec le bruissement des feuilles dans les arbres et la compagnie des écureuils et des hirondelles.

Depuis quelques semaines à peine, nous habitons un appartement situé à Snowdon. L'ascenseur fonctionne. Tout un changement !

L'apport de la technologie

Les progrès technologiques m'ont aidé :

À mieux me tenir dans mon fauteuil
Après mes opérations, j'étais incapable de rester assis longtemps ; un corset thérapeutique a donc été moulé à la forme de mon corps, ce qui m'a permis de redresser et de mieux supporter ma colonne. Par la suite, d'autres modifications ont été apportées à mon fauteuil afin d'améliorer mon positionnement : coussin siège et coussin dossier ajustés... Je peux donc rester assis toute la journée sans éprouver de malaise. De plus, les techniciens de l'Institut de réadaptation de Montréal ont fixé un appui-bras spécial à l'un de mes accoudoirs. Toute une différence !

À me déplacer seul en fauteuil roulant
Quel changement ! Imaginez ! Pendant trente-sept ans, j'ai dépendu des autres pour déplacer mon fauteuil. C'est mon physiatre, le docteur Céline Lamarre de l'I.R.M. (Institut de réadaptation de Montréal) qui,

après avoir évalué les possibilités, m'a prescrit un fauteuil motorisé avec contrôle céphalique. Je le conduis par pression avec ma tête. J'ai appris à m'en servir avec une ergothérapeute dans les corridors de l'Institut et avec un ami sur les trottoirs. Et ça me fait toujours plaisir d'épater les curieux qui veulent savoir comment il fonctionne. Comme vous pouvez le constater, j'applique à la lettre le dicton selon lequel il faut savoir « se servir de sa tête » !

Cela fait maintenant dix-huit ans que je l'utilise, et je suis de plus en plus indépendant. Quand je me rends au bureau de la Société, dans les magasins ou au chalet du camp, je suis libre de mes déplacements et moins soumis au rythme de mon accompagnateur, qui s'ajuste enfin au mien…

À me transporter confortablement

Depuis quelques années, mon accompagnateur utilise une minifourgonnette adaptée, munie d'une rampe d'accès et d'un plancher bas. Il lui suffit de fixer mon fauteuil au plancher à l'aide de quatre courroies, de replier ensuite la rampe, et nous voilà partis.

Avant, je devais me faire transférer dans mon fauteuil manuel, plus léger que le motorisé, puis déposer dans l'auto avec des coussins pour m'aider à me tenir droit, à cause de ma scoliose. Mon accompagnateur pliait ensuite le fauteuil pour le ranger dans le coffre. Une véritable expédition à chaque fois !

Autre avantage important : je ne suis pas à la merci du service de transport adapté de la S.T.C.U.M. Je n'ai donc plus à réserver ma place deux jours à l'avance, sauf à l'occasion. Maintenant, je suis libre de mes déplacements et assuré de me rendre à bon port.

Je vais où je veux, quand je veux ! Ça change une vie !

À mieux utiliser mon ordinateur

J'avais déjà entrepris ce travail d'écriture lorsque mon mini-clavier a flanché. Et vous savez comme moi que la technologie, c'est bien beau... quand ça marche ! Autrement, on doit constamment faire appel à des techniciens pour les réparations sans oublier de contacter distributeurs et fabricants. Et plus c'est perfectionné, plus c'est compliqué, semble-t-il...

Après plusieurs tentatives de réparation infructueuses, j'ai rencontré une ergothérapeute à la fine pointe des innovations technologiques. Ensemble, nous avons expérimenté deux systèmes d'avant-garde permettant aux tétraplégiques de travailler à l'ordinateur.

Le premier est une lunette munie d'un écran où les

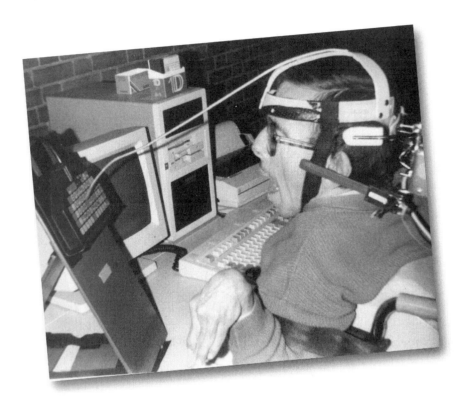

Pendant des années, j'ai utilisé un clavier miniature relié à mon ordinateur. J'appuyais sur les touches à l'aide d'une licorne, tige fixée à un casque sur ma tête. Les clés du clavier étaient semblables à celles d'un micro-ondes : une légère pression suffisait pour activer la touche.

PHOTO : Marc Saint-Cyr.

lettres apparaissent; l'appareil enregistre la direction du regard et imprime sur l'écran les lettres choisies. Chaque lettre est sélectionnée en regardant dans le coin gauche. Personnellement, je trouve ça compliqué, fatigant pour l'œil et encombrant!

Je préfère le second système, le *Head mouse*, qui fonctionne à l'aide d'un collant fixé à la monture de mes lunettes; lorsque je remue la tête, un rayon infrarouge active les touches du clavier affiché à l'écran de l'ordinateur.

Comme il est possible de programmer le temps de réaction des touches, je peux écrire à mon rythme.

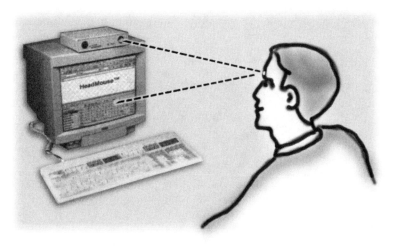

ILLUSTRATION : Nicolas Saint-Cyr.

Essai d'un appareil de communication avec Nicole Bélisle, ergothérapeute, janvier 1999. PHOTO : Marc Saint-Cyr.

En plus, il y a un dictionnaire intégré, et un mécanisme de prédiction des mots permet de les écrire sans taper toutes les lettres. Il s'agissait d'y penser, n'est-ce pas ? Avec ce nouveau système, je gagne beaucoup de temps : il me faut maintenant vingt minutes plutôt que deux heures pour rédiger trois lignes.

L'autre jour, mon ergothérapeute de l'I.R.M. m'a remis une copie de ma demande de subvention à l'Office des personnes handicapées du Québec. À la relire, je me suis rendu compte que les termes changent avec le temps et qu'il nous faut suivre le courant. Après avoir fait état de ma déficience motrice cérébrale, souvent nommée paralysie cérébrale, la spécialiste ajoutait les précisions suivantes : « Cette déficience se traduit par une grave quadriparésie aux quatre membres avec présence de mouvements choréo-athétosiques. Monsieur Jean est anarthrique. » Et le tout se terminait sur les mots : « Tétraplégie avec spasmes involontaires. »

J'ai dû sortir mon dictionnaire pour comprendre quelque chose à ce qui me paraissait du chinois. J'y ai appris que l'anarthrie est une forme de l'aphasie, trouble de l'articulation des sons. Moi qui me croyais tout simplement muet, voilà que je me découvre anarthrique puisque je suis capable d'émettre des sons ! Il me faudra encore un bon bout de temps avant d'apprivoiser

ce nouveau jargon! Comme j'ai toujours aimé taquiner les médecins, je sens que je vais m'en donner à
cœur joie avec les ergothérapeutes!

À prendre un bain à l'aise

Comme je ne peux rester assis dans ma baignoire, et
que celle-ci est assez profonde, je me suis procuré une
chaise spéciale où je m'étends quand mon auxiliaire
me lave. Je l'ai fait rembourrer afin qu'elle soit plus
confortable, pour adoucir le contact avec le plastique,
moi qui ne suis pas très «rembourré». Lorsqu'il doit
me faire un shampoing, mon auxiliaire n'a qu'à relever
le dossier, ce qui lui facilite grandement la tâche et lui
permet de ménager son dos.

Il existe aussi des vêtements adaptés pour faciliter
l'habillement des personnes handicapées. Des panta-
lons munis de velcro, par exemple, à la place des ferme-
tures éclair: une modification qui permet plus de
souplesse.

À téléphoner

L'ergothérapeute du C.L.S.C. m'a un jour suggéré de
visiter la boutique d'appareils adaptés de Bell. Un tech-
nicien est ensuite venu chez moi à quelques reprises. Je

voulais que ma famille et mes amis puissent me comprendre et me donner de leurs nouvelles quand je les
appelais, et je désirais aussi pouvoir me débrouiller en
cas d'urgence. Désormais, je n'ai qu'à appuyer sur une
touche pour composer automatiquement un numéro
déjà programmé. La personne qui décroche à l'autre
bout du fil entend alors l'un des deux messages que j'ai
enregistrés : l'un mentionne que je souhaite avoir des
nouvelles, l'autre, qu'il y a une urgence.

À allumer des appareils électriques

J'ai un meilleur contrôle de mon environnement im-
médiat depuis que certaines modifications ont été apportées à mon téléviseur et à ma radio en vue de me
permettre de les faire fonctionner à distance.

Toute pièce d'équipement adapté coûte cher, vous
vous en doutez bien. Mais, à l'instar de plusieurs personnes handicapées, j'ai la chance de pouvoir bénéficier
de subventions gouvernementales. Autrement, ce serait
la misère ! Il existe encore certains clubs et organismes
qui nous aident, même s'ils le font moins qu'avant.
Les appareils d'aujourd'hui sont très différents de
ceux d'autrefois et nettement plus perfectionnés. Ils
ont changé notre vie et nous sont maintenant indis-
pensables.

Ouvert à la recherche

NE PAS AVOIR ÉTÉ HANDICAPÉ, j'aurais aimé deve-nir chercheur en médecine. Le corps humain est une machine formidable, et comprendre comment on respire, comment on voit, comment on élimine les dé-chets m'aurait vraiment passionné.

Il y a encore beaucoup trop de maladies qui tuent : le cancer, le sida et même la grippe. Pourtant, la recher-che évolue, et j'ai la conviction qu'on trouvera un jour les moyens de prévenir ou de guérir tous ces maux.

Depuis quelques années, je me fais vacciner contre la grippe, ce qui renforce mon système immunitaire. Je ne peux éviter d'en attraper une, de temps à autre, mais elle est bénigne si je la compare aux grippes d'avant qui me donnaient des nausées, des accès de transpiration terribles et des quintes de toux incontrôlables.

Plus jeune, ma mère me mettait alors des « mou-ches de moutarde » sur la poitrine, du bleu de méthy-lène dans la gorge et me faisait avaler du Coca-cola à la petite cuillère. Je mangeais et buvais au compte-goutte, car je ne pouvais rien garder. Ma mère aurait aimé devenir médecin comme son père. En tout cas, elle savait s'y prendre avec moi.

Un jour, aussitôt rentré de congé, mon auxiliaire dut m'emmener à l'hôpital car je n'arrêtais pas de tousser. Le docteur diagnostiqua une bronchite aiguë. Impossible pour mon auxiliaire de dormir une nuit entière : il lui fallut se lever à plusieurs reprises afin de me donner mes médicaments, de me faire boire et de me retourner dans mon lit. Heureusement, grâce aux antibiotiques prescrits par le médecin, mon état s'améliora peu à peu.

Il y a quelque temps, mon généraliste m'a demandé de participer au tournage d'une vidéo destinée aux étudiants en médecine de l'université McGill, en vue de les aider à adopter la bonne attitude dans leurs relations avec leurs patients. Toujours ouvert à ce genre d'expérience, j'ai accepté, bien sûr, et nous nous sommes rendus, Marc et moi, dans un studio de la rue Sherbrooke.

Au début de la vidéo, le médecin s'adresse uniquement à mon accompagnateur pour s'informer de mon problème de santé et m'ignore complètement, comme si je n'existais pas. Une attitude à éviter, évidemment.

Dans un deuxième temps, le médecin me regarde et, sans s'adresser à mon accompagnateur, prend le temps de me décoder pour bien cerner le problème que j'essaie de lui communiquer. C'est très important d'avoir, avec le client, un rapport humain et personnel qui l'amène à se sentir vraiment quelqu'un. Trop souvent dans ma vie, on m'a ignoré, et j'en ai toujours ressenti beaucoup de frustration.

Mon médecin attitré est une femme formidable. Avec elle, je ne suis pas un numéro. Elle prend toujours le temps qu'il faut pour me comprendre. Une médecine familiale et humaine est encore possible, de nos jours, et le lien que j'entretiens avec mon médecin en est la preuve.

Pour revenir à mon expérience de tournage vidéo, j'ai appris par la suite qu'un moniteur du camp, étudiant à McGill, avait éclaté de rire pendant son cours en me reconnaissant sur l'écran. Il ne s'attendait certainement pas à me voir là !

Mon ancienne auxiliaire du samedi, alors étudiante en sciences infirmières à l'Université de Montréal, m'a demandé un jour de l'aider dans ses travaux, ce que j'ai accepté avec plaisir. Dans un premier temps, elle m'a interrogé sur l'origine et les causes de ma paralysie cérébrale. Puis, elle a cherché à savoir comment j'en étais arrivé à si bien accepter ma condition. Je lui ai répondu que mon handicap ne m'empêchait pas de vivre, que j'étais né comme ça et que j'avais appris à fonctionner tel que j'étais, jour après jour.

Elle s'est informée ensuite de la réaction des gens à mon endroit. Il y en a encore qui me plaignent ouvertement, lui ai-je dit, qui s'exclament « Oh, le pauvre ! » en m'apercevant. D'autres m'examinent de la tête aux pieds alors que certains, trop gênés, détournent le regard en ma présence. Maintenant, j'ai l'habitude et fais comme si de rien n'était. Quand j'étais enfant, les gens voyaient rarement des personnes handicapées, et l'on me dévisageait davantage. Au début du présent livre, j'ai raconté la sortie de ma gardienne contre une dame qui s'offusquait à ma vue. « Ce n'est pas parce qu'il est comme ça qu'il ne sortira pas », lui avait-elle répondu. De nos jours, les personnes handicapées sortent et participent à diverses activités ; le monde évolue, et les mentalités changent. On nous considère de plus en plus comme des personnes à part entière. Mais il reste encore beaucoup à faire, et il faut donc toujours s'attendre à toutes sortes de réactions.

C'est ainsi qu'un jour, alors que j'étais dans la toilette des dames d'un endroit public – une accompagnatrice m'assistait –, une sexagénaire se plaignit de ma présence à un agent de sécurité qui, nettement plus compréhensif, lui répondit qu'il ne pouvait rien y faire.

«Laisse tomber, dis-je à mon accompagnatrice, il y a des gens qui ne réfléchissent pas avant de parler.» Pour parler comme mon père: «Ça prend toute sorte de monde pour faire un monde!»

L'an dernier, la S.T.C.U.M. m'a offert d'essayer les nouveaux autobus à plancher surbaissé. Formidable! Quand le chauffeur nous aperçoit à l'arrêt, il ouvre les portes arrière et actionne une rampe sous le plancher qui s'ouvre automatiquement sur le trottoir.

Je me suis rendu à un arrêt prédéterminé où une dame, qui prenait des notes dans un carnet, nous expliqua l'expérience. J'étais en fauteuil motorisé et, comme je ne roule pas à la Jacques Villeneuve, j'avais demandé à mon accompagnateur de me pousser parce que toute l'opération était minutée. À l'intérieur, il y avait un espace de trois bancs amovibles pour faire une place à la personne en fauteuil. Mon accompagnateur dut demander aux gens de nous céder la place puisque je ne pouvais le faire. Il fallait aussi être attentif à ne pas écraser les pieds des gens, surtout que l'autobus était plein.

On a renouvelé l'expérience trois fois, et tout s'est bien passé. Les gens étaient un peu étonnés. Mais deux dames m'ont dit qu'elles étaient bien heureuses de constater qu'enfin les personnes handicapées avaient une place dans la société. J'avais le sentiment d'être devenu « comme tout le monde ». Une ergothérapeute et un employé de la S.T.C.U.M. recueillaient les commentaires des usagers. Les chauffeurs aussi apportaient leurs idées. Quelques mois plus tard, je recevais par la poste des dépliants sur lesquels figurent les nouvelles lignes, les trajets et les enveloppes de perception. Je suis bien heureux d'avoir participé à cette recherche.

Ce ne sont là que quelques exemples de la sensibilisation possible lorsqu'on ose enfin sortir de chez soi.

Sensibilisation

Q UAND J'AI SUIVI mon cours d'informatique au centre Lucie-Bruneau, mon professeur m'a demandé de participer à une journée d'études afin de montrer aux élèves et aux professeurs de la C.É.C.M. comment les quadriplégiques peuvent utiliser l'ordinateur. Une licorne sur la tête et un miniclavier pour tout équipement, les personnes présentes ont été fascinées de me voir déplacer le curseur sans me servir de mes mains.

J'ai aussi participé à des téléthons, plusieurs fois en tant que spectateur et deux fois en tant qu'invité. Le premier auquel j'ai assisté se déroulait au Complexe Desjardins et visait la paralysie cérébrale. Serge Turgeon, alors président de l'Union des artistes, nous avait interviewés, mes parents et moi, sur les débuts de l'Association de la paralysie cérébrale.

Quelques années plus tard, j'ai composé une chanson, inspirée du camp Papillon, qui parle du calme de sa nature environnante, de la beauté de son lac et de sa

Sur scène, lors du premier téléthon organisé par la Société pour
les enfants handicapés du Québec. À ma gauche, Robert Dionne.
PHOTO : Marc Saint-Cyr.

montagne. Après en avoir écrit les paroles, je les ai
montrées au beau-frère de mon auxiliaire, Robert
Dionne, en lui demandant de composer la musique et,
s'il le jugeait bon, d'enregistrer la chanson sur cassette.
Il aimait chanter et possédait déjà une certaine expérience de la scène. C'est donc avec plaisir qu'il accepta
de présenter notre œuvre au téléthon de 1986 organisé

sous la bannière de la Société pour les enfants handicapés du Québec.

C'était la première fois que la Société organisait un événement de ce genre, et je tenais à lui apporter ma contribution. Nous nous sommes donc retrouvés, Robert et moi, dans les studios de la CBC, à Montréal, pour participer à un spectacle animé par Véronique Béliveau et Jean-Guy Moreau. Nous étions accompagnés de deux choristes et d'un orchestre de plusieurs musiciens. Je me sentais évidemment nerveux. Le trac. À la fin, le public nous a ovationnés pendant un long moment. Quelle surprise, quelle émotion et quelle fierté j'ai ressenties ce jour-là! Quelques personnes ont même essuyé des larmes! Voici les paroles de notre chanson :

> *La nature - Papillon - La mer et la lune*
> *Le monde regarde et rêve...*
> *L'eau bouge, même calme.*
> *On voit plusieurs choses.*
> *Amour : celle qu'on aime.*
> *Merveilleuse montagne qui domine le lac :*
> *Elle fait penser à une fille qu'on admire.*
> *L'amour : si belle qu'on rêve de l'avoir dans ses bras.*
> *Une fois, il y avait un papillon qui volait,*
> *Volait de fleur en fleur.*

Il accroche son aile et ne peut plus voler.
Il se demande quoi faire.
Il rencontre un enfant et lui dit :
Pourquoi ne peux-tu plus marcher ?
L'enfant lui répond que ses jambes ne peuvent plus marcher.
Le papillon dit : moi, je ne peux plus voler, que dois-je faire ?
L'enfant répond : regarde mes jambes,
Elles sont mortes comme ton aile !
Et la morale de cette histoire : ce ne sont pas seulement
les humains qui ne peuvent pas marcher.
On entend la mer, les vagues gronder
Des fois très douces et des fois très fortes
Cette plage magnifique
Le sable qui réchauffe nos pieds et nos corps
Avec une fille, une fille qu'on aime.
Et le monde regarde et rêve...
L'eau bouge, même calme.
On voit plusieurs choses.
Amour : celle qu'on aime.
Merveilleuse montagne qui domine le lac :
Elle fait penser à une fille qu'on admire.
L'amour : si belle qu'on rêve de l'avoir dans ses bras.

J'ai aussi participé à quelques Salons, comme à celui des sports et des loisirs, tenu au Palais des congrès en 1993. J'y tenais un stand où nous faisions de la sensibilisation, ainsi que du recrutement de moniteurs, pour

PHOTO : Marc Saint-Cyr.

le camp Papillon. Nous discutions avec les gens, vendions des articles promotionnels et des vêtements.

Je travaille depuis maintenant dix ans, au plan du financement surtout, pour la Société pour les enfants handicapés. Je fais de la sollicitation par courrier et, au cours des années, me suis acquis la fidélité de plusieurs donateurs. De plus, à chaque automne, je demande à mes amis ou à mes accompagnatrices d'installer des kiosques-tirelires dans des commerces et de me seconder dans la vente de stylos et de porte-clés.

PHOTO : Marc Saint-Cyr.

Quand décembre arrive, je recrute des bénévoles pour m'accompagner dans les Salons et les centres commerciaux où nous offrons un service d'emballage des cadeaux de Noël. À l'occasion, je fais aussi du traitement de texte à l'ordinateur. Enfin, je participe activement au Comité des campeurs adultes du camp Papillon, maintenant ouvert douze mois par année grâce à l'aide, entre autres, de certaines entreprises.

Conclusion

À CAUSE DE L'ANARTHRIE qui m'empêche de parler, j'ai eu toute ma vie beaucoup de difficulté à me faire comprendre. Souvent, j'ai dû insister auprès de mes interlocuteurs pour qu'ils m'entendent. Parfois, j'ai été forcé de me taire, même si j'avais bien des choses à dire. Écrire ce livre m'a permis de m'exprimer en toute liberté.

Compte tenu de la gravité de mon handicap, mener ce projet d'écriture à terme m'a demandé beaucoup de détermination. Pour bien des raisons, j'aurais pu abandonner en cours de route, mais une telle attitude n'est pas dans ma nature. Quand j'ai une idée en tête, je prends tous les moyens pour qu'elle se réalise. Et ce que je souhaitais avant tout était de vous livrer un message.

Un message tout simple : la vie est remplie d'obstacles qu'il revient à chacun de surmonter. Il faut se secouer afin de se réaliser. Le temps passe trop vite et il est trop précieux pour le perdre à s'apitoyer sur son sort.

Robert Jean vous écoute

accueil

Camp et Villas Papillon

Résidence et Auberge Papillon

Centre de la petite enfance Papillon

Adresses

Financement

Remerciements

Actualités

Courrier

Robert Jean connaît bien la Société pour les enfants handicapés du Québec. Depuis sa plus tendre enfance, il utilise les services Papillon et depuis plus de quarante ans, à chaque année, il se rend au Camp Papillon pour y passer des vacances. Il participe également à sa campagne de financement depuis de nombreuses années.

Robert a la paralysie cérébrale. Il communique avec ses yeux et avec un ordinateur. Son quotidien est fait de défis à relever et il est des plus concerné par les questions touchant les personnes handicapées.

Si vous désirez communiquer avec Robert pour connaître davantage les services de la Société, pour avoir un supplément d'information ou tout simplement pour converser avec lui, voici l'adresse électronique où le rejoindre:

sehq@videotron.ca

J'ai été chanceux dans mon existence : bien entouré et aimé, souvent, j'ai en outre obtenu ce que je voulais. J'ai appris à conduire un fauteuil motorisé, à travailler à l'ordinateur, écrit des poèmes et une chanson, peint des tableaux et siégé au sein de conseils d'administration. Et je fais du bénévolat.

Mes défis ne s'arrêtent pas là.

La technologie actuelle permet une autonomie de plus en plus grande aux personnes handicapées. Alors, j'ai des projets plein la tête…

Un de mes rêves les plus chers est de « parler ». Présentement, je tente d'obtenir un appareil de communication vocale. Les fabricants étant américains, les voix sont de meilleure qualité en anglais, plus près de l'organe naturel ; en français, elles sont plus robotisées. Il faudra encore bien des années avant d'avoir accès à des voix francophones « humaines ». Même s'il est possible de programmer de nombreux messages, la mémoire demeure malgré tout limitée, avec peu de place pour une voix « humaine ». J'aurai donc une voix de robot avec quelques accents naturels.

Je désire aussi mieux contrôler mon environnement et pouvoir allumer les lumières, la télévision, la radio et changer de poste sans devoir toujours m'installer une licorne sur la tête avec une tige devant les

PHOTO : Marc Saint-Cyr.

yeux. Un système à infrarouge devrait me permettre d'y arriver bientôt.

Dernièrement, on m'a demandé si j'accepterais de m'occuper de la correspondance électronique à la Société pour les enfants handicapés. Je n'ai pas hésité une seconde. Je réponds donc à tous ceux qui s'intéressent à l'organisme en leur fournissant l'information désirée, particulièrement au sujet du camp Papillon que je connais bien. Avec les correspondants qui le souhaitent, je puis aussi échanger sur l'intégration des personnes handicapées et leur contribution dans la société.

Avec la parution de mon livre, j'espère être en mesure de gagner un peu d'argent, moi qui n'ai jamais reçu de salaire jusqu'à maintenant. Faire du bénévolat peut certes être très valorisant, mais être reconnu financièrement pour son travail est aussi très important.

Plusieurs personnes handicapées n'ont pas la chance d'occuper un emploi et de ramener un chèque de paye à la maison.

C'était un autre gros défi, pour moi, de me livrer ainsi par le biais de l'écriture, et je suis fier de l'avoir relevé.

J'ai aussi voulu que le texte soit imprimé en gros caractères afin de permettre aux demi-voyants de lire plus facilement.

Remerciements

Finalement, je voudrais remercier :

Mademoiselle Sophie Brouillet, pour sa patience à me comprendre et pour son aide à la correction.

Madame Andrée de Niverville, du Centre Mackay, pour m'avoir permis de consulter les archives.

Madame Monique Lachance, pour son enthousiasme face au projet et son engagement comme traductrice.

Madame Lola Noël, de la Société pour les enfants handicapés du Québec, pour son intérêt et son soutien aux archives.

Monsieur Marc Saint-Cyr, pour son soutien constant et pour son assistance dans mes nombreux déplacements.

Monsieur Nicolas Saint-Cyr, pour son humour et sa créativité en graphisme.

Mesdames Yolande Rochon-Belzile, Miriam Boillat, Danielle Boyer, Hélène-Louise Élie, Nadine Ltaif, Marie-Josée Mignacca, Danielle Tremblay, messieurs Côme

Payette et Tony Shorgan qui tous, m'ont aidé en me fournissant des précisions importantes, de précieux conseils et, surtout, en apportant leur soutien à ce projet.

Je remercie également ceux et celles que j'oublie et qui me le pardonneront.

Table des matières

AGMV Marquis

MEMBRE DE SCABRINI MEDIA

Québec, Canada
2001